घाटी से पर्वत शिखर तक

द्वारा

लाइट ए. डिमाकुलंगन

सभी शास्त्रोक्त उद्धरण पवित्र बाइबिल से लिए गए हैं।

रॉयल बुक हाउस द्वारा प्रकाशित,

संयुक्त राज्य अमेरिका में मुद्रित

समर्पण

मेरे माता-पिता, सेवानिवृत्त मेजर टेओफिलो डिमाकुलंगन और कैंडिडा आर्मेडिला डिमाकुलंगन, जिन्होंने मुझ पर तब विश्वास किया जब मुझे खुद पर विश्वास नहीं था - आपके विश्वास ने मुझे मौन शंकाओं और लंबी रातों से उबारने में मदद की। यह आपके लिए है।

अंतर्वस्तु

आभार

इस पुस्तक को लिखना हृदय, आत्मा और मन की एक यात्रा रही है - और यह कई असाधारण लोगों के प्रेम, विश्वास और समर्थन के बिना संभव नहीं होता।

सर्वप्रथम और सर्वप्रथम, मैं इस कार्य को आगे बढ़ाने के लिए ईश्वर की कृपा, शक्ति और प्रेरणा के लिए उनका धन्यवाद करता हूं।**मेरे द्वारा लिखा गया प्रत्येक शब्द मुझसे कहीं अधिक महान शक्ति द्वारा निर्देशित था।**

मेरे परिवार को—आप सभी मेरे अटूट आधार रहे हैं, इसके लिए धन्यवाद। संदेह के क्षणों में भी आप लोगों ने मुझ पर जो विश्वास दिखाया, उससे मुझे आगे बढ़ने का साहस मिला। आपका प्यार ही मेरा सहारा है।

मेरे सबसे करीबी दोस्तों और मार्गदर्शकों को धन्यवाद, जिन्होंने मुझे आगे बढ़ने के लिए प्रेरित किया, जब मुझे अपनी भावनाएं व्यक्त करने की ज़रूरत थी तब मेरी बात सुनी और रास्ते में मिली हर छोटी-छोटी जीत का जश्न मनाया। आपके प्रोत्साहन ने इस पुस्तक को जीवंत बना दिया।

इस पुस्तक को पढ़ने वाले पाठकों, स्वप्नद्रष्टाओं और खोजकर्ताओं के लिए, मैंने इसे लिखा है। आशा है ये शब्द आपकी आत्मा में एक नई ऊर्जा जगाएंगे, आपको आपके महत्व का एहसास दिलाएंगे और आपको हर परिस्थिति में आगे बढ़ते रहने की प्रेरणा देंगे।

और अंत में, हर बाधा, हर निराशा और हर मौन के क्षण के लिए - मुझे सहनशीलता सिखाने के लिए धन्यवाद। घाटियों के बिना, पहाड़ों की चोटियों का उतना महत्व नहीं होता।

यह पुस्तक केवल मेरी नहीं है; यह हमारी

है। हार्दिक आभार सहित,

लाइट ए. डिमाकुलंगन

परिचय

हममें से अधिकांश लोग जीवन की दिनचर्या में उलझ जाते हैं, मानो किसी घाटी से गुजर रहे हों—हमारा ध्यान केवल सामने की चीज़ों पर केंद्रित रहता है, और अक्सर हम आगे की चीज़ों को देख नहीं पाते। हम अपनी भूमिकाओं में कुशल हो जाते हैं: मेहनती कर्मचारी, जिम्मेदार पर्यवेक्षक, समर्पित माता-पिता, स्नेही बच्चा, सहयोगी भाई-बहन, या सफलता के लिए प्रयासरत महत्वाकांक्षी छात्र। दिन-रात हम अपना काम करते हैं, लगे रहते हैं और आगे बढ़ते रहते हैं। और कुछ समय के लिए, यही काफी लगता है।

फिर जिंदगी आगे बढ़ती है।

हम अपनी पढ़ाई पूरी करते हैं और अचानक महसूस करते हैं कि आगे क्या होगा, हमें पता ही नहीं। हमारी नौकरी चली जाती है, जिसे हम सुरक्षित समझते थे। हम गंभीर रूप से बीमार पड़ जाते हैं या ऐसी खबर मिलती है जो हमारी सामान्य जिंदगी को चकनाचूर कर देती है। किसी प्रियजन का देहांत हो जाता है। रिश्ता तलाक में टूट जाता है। हमारे बच्चे बड़े होकर घर छोड़ देते हैं, और उनके जाने से पैदा हुआ सन्नाटा हमारी कल्पना से कहीं अधिक गहरा होता है।

ये पल—चाहे अपेक्षित हों या नहीं—हमें अंदर तक झकझोर सकते हैं। ये हमें रुकने, सोचने और उस सच्चाई का सामना करने के लिए मजबूर करते हैं जिससे हम शायद बचते आ रहे थे: कि जीवन केवल कर्म करने के बारे में नहीं है। यह अस्तित्व के बारे में है। यह अर्थ के बारे में है। और कभी-कभी, जिस घाटी से हम गुजर रहे होते हैं, वह अचानक गहरी हो जाती है, और हम सोचने लगते हैं कि क्या हम कभी उससे बाहर निकल पाएंगे।

और फिर भी, हम दिन-रात जीते रहते हैं। लेकिन अब, कुछ अलग सा लगता है। हमें अब रास्ते का अंत नहीं दिखता। हम बस चलते रहते हैं, इस

उम्मीद में कि हमें रास्ते की एक झलक ही मिल जाए। ऐसा लगता है जैसे हम एक ही जगह पर चक्कर लगा रहे हैं, आगे बढ़ रहे हैं लेकिन कहीं नहीं जा रहे। रास्ते में कहीं, हम अपनी प्रेरणा खो देते हैं, अपनी जुनून और जीवन का उद्देश्य। यह किताब इसी यात्रा के बारे में है।
यह इस बारे में है कि कैसे मैं घाटी में चलता रहा, तब भी जब मुझे नहीं पता था कि मैं कभी दोबारा रोशनी देख पाऊंगा या नहीं। यह उन सबकों के बारे में है जो मैंने शांत, दर्द भरे और अक्सर अकेलेपन भरे पलों में सीखे। सबसे महत्वपूर्ण बात यह है कि कैसे मैंने धीरे-धीरे अपना रास्ता वापस पाया— और आखिरकार एक बार फिर पहाड़ की चोटी पर पहुँच गया।

यह पुस्तक उन घाटियों को भय से नहीं, बल्कि जिज्ञासा और साहस से तलाशने का निमंत्रण है। यह उन लोगों के लिए एक मार्गदर्शक है जो दिनचर्या और जिम्मेदारियों से परे कुछ तलाश रहे हैं, जो जीवन का उद्देश्य, उपचार और आशा पुनः प्राप्त करने के लिए तैयार हैं। चाहे आप परिवर्तन के दौर से गुजर रहे हों या बस यह महसूस कर रहे हों कि कोई गहरी पुकार आपको बुला रही है, आप अकेले नहीं हैं।

अगर आप इस समय निराशा के दौर से गुज़र रहे हैं, तो यह किताब आपके लिए है। अगर आप सोच रहे हैं कि जीवन में जो आप जी रहे हैं, उससे कहीं बढ़कर भी कुछ है, तो मैं आपको मेरे साथ इस राह पर चलने के लिए आमंत्रित करता हूँ। आपको पूरा रास्ता देखने की ज़रूरत नहीं है—बस अगला कदम उठाएँ। आइए, साथ मिलकर इस यात्रा की शुरुआत करें।

अध्याय एक:
वह क्षण जब सब कुछ बदल गया

मुझे इसका अंदाजा नहीं था।

शायद यही अधिकांश निर्णायक मोड़ों का स्वभाव होता है—वे फुसफुसाहट की तरह आते हैं, फिर भी आपकी दुनिया को तहस-नहस कर देते हैं।

मेरे लिए, यह सिर्फ एक बात नहीं थी। यह सब कुछ था, एक साथ। जिस नौकरी में मैंने अपना सब कुछ झोंक दिया था, वह मुझसे छिन गई। मैंने अपनी पहचान का एक बड़ा हिस्सा अपने काम से जोड़ लिया था। यह सिर्फ एक नौकरी नहीं थी; यह मेरा ढांचा था, मेरी संतुष्टि थी, इस बात का सबूत था कि मैं कुछ सार्थक कर रही हूँ। मैंने अपना सब कुछ इसमें झोंक दिया, अक्सर आराम, परिवार के साथ समय और आत्म-चिंतन की कीमत पर।

मुझे इस बात पर गर्व था कि मैं कितनी भरोसेमंद थी, कितनी व्यस्त रहती थी और कितनी ज़रूरी महसूस करती थी। और फिर, वह गायब हो गया।

एक अप्रत्याशित पुनर्गठन। एक विनम्र बातचीत जो वास्तविक नहीं लग रही थी। एक अंतिम दिन जो बहुत जल्दी और बहुत शांति से बीत गया।

पहले तो मैंने इसे नज़रअंदाज़ करने की कोशिश की। मैंने अपना रेज़्यूमे अपडेट किया, दोस्तों से कहा कि मैं "नए अवसरों की तलाश में कुछ समय ले रही हूँ," और अपनी बेचैनी को मुस्कुराते हुए छिपा लिया। लेकिन अंदर ही अंदर मैं फिर से बिखर रही थी। और सबसे बुरी बात यह थी कि हर सुबह आईने में दिखने वाली मैं खुद को पहचानना बंद कर चुकी थी। बाहर से तो मैं "ठीक" दिखती थी, लेकिन अंदर से इतनी थकी हुई थी कि नींद भी उसे ठीक नहीं कर सकती थी।

अराजकता के बाद एक अजीब सी खामोशी छा जाती है—शांतिपूर्ण खामोशी नहीं, बल्कि गूंजती हुई खामोशी। आप जागते हैं, रोज़मर्रा के काम करते हैं, जब मुस्कुराना ज़रूरी होता है तब मुस्कुराते हैं, और बातचीत के दौरान सिर हिलाते हैं। आप इस दिनचर्या को बनाए रखते हैं क्योंकि दिनचर्या से नियंत्रण का एहसास होता है। लेकिन अंदर ही अंदर आप बिखर रहे होते हैं।

जब आपकी दिनचर्या को एक ढांचा देने वाली चीज़ अचानक गायब हो जाए तो आप क्या करते हैं? जब कैलेंडर खाली हो जाए, दिनचर्या टूट जाए, और कोई आपके अगले ईमेल या फैसले का इंतज़ार न कर रहा हो। जब "सामान्य" का कोई अस्तित्व ही न रह जाए तो आप क्या करते हैं? जब आपका जाना-पहचाना जीवन आपके पैरों तले से खिसक जाए तो आप क्या करते हैं?

तब मेरे पास कोई जवाब नहीं था, केवल

सवाल थे। मुझसे कहाँ गलती हुई?

मैं आखिर कर क्या रहा

हूँ? मैं इतना भटक कैसे

गया?

इस बार सन्नाटा अलग था... अनिश्चितता का एक कान फाड़ देने वाला सन्नाटा। मैं अदृश्य महसूस कर रहा था। जैसे मेरी कोई ज़रूरत ही न हो। मानो मैं दुनिया से गायब हो गया हूँ और किसी ने ध्यान ही नहीं दिया। लेकिन मुझे जिसकी उम्मीद नहीं थी, वह यह है:

उस खामोशी में, जो असहज थी, कुछ उभरने लगा। सारे डर और शर्म के नीचे एक खाली जगह थी। एक ऐसी जगह जहाँ मैं उन सवालों को पूछ सकती थी जिन्हें मैंने लंबे समय से नजरअंदाज किया था।

- क्या मुझे वाकई में वह काम पसंद था जो मैं कर रहा था?
- क्या मैं सचमुच ऐसा जीवन जी रहा था जो मेरे वास्तविक स्वरूप के अनुरूप था?
- अगर मैं ऐसा नहीं करता तो मैं क्या करता? *पास होना* क्या सावधानी बरतनी चाहिए?

मुझे एहसास हुआ कि मैंने सालों तक बस किसी तरह गुजारा किया, प्रदर्शन किया, निर्माण किया और उपलब्धियाँ हासिल कीं, लेकिन मैंने कभी यह नहीं सोचा कि क्या मैं संतुष्ट थी। मेरा काम मेरा मुखौटा बन गया था। और जब वह मुखौटा उतरा, तो मैं पहचान ही नहीं पाई कि उसके नीचे कौन था।

वह बहुत डरावना था। लेकिन साथ ही, एक अजीब तरीके से... मुक्तिदायक भी। मुझे यह समझने में थोड़ा समय लगा कि जिस क्षण सब कुछ बदल गया, वह आपदा नहीं थी। वह क्षण था जब मैंने यह दिखावा करना बंद कर दिया कि सब कुछ ठीक है। वह क्षण, भले ही शांत था, एक नई शुरुआत का प्रतीक था। क्योंकि पुनर्निर्माण से पहले, आपको यह स्वीकार करना होगा कि क्या टूटा है।

मेरी नौकरी छूटने से सिर्फ किसी चीज का अंत नहीं हुआ, बल्कि इससे एक नई संभावना के द्वार खुल गए। बस मुझे अभी यह नहीं पता था कि वह नई संभावना क्या होगी।

***1* पतरस 4:12-13**"*प्रियजनों, इस अग्नि परीक्षा को, जो तुम्हारी परीक्षा लेने के लिए है, अजीब मत समझो, मानो तुम्हारे साथ कोई अजीब घटना घटी हो; बल्कि इस बात से आनन्दित हो कि तुम मसीह के कष्टों में भागीदार हो, ताकि जब उसकी महिमा प्रकट हो, तो तुम भी अत्यंत आनंदित हो सको।*"

अध्याय दो:
मेरे माता-पिता की मृत्यु

जीवन में ऐसे क्षण आते हैं जो आपके जीवन को दो भागों में बांट देते हैं। *पहले*और *बाद*मेरे लिए, अपने माता-पिता को खोना उन खास पलों में से एक था।

दुःख एक अजीब चीज़ है। लोग सोचते हैं कि यह शोरगुल, आँसुओं, चीख-पुकार और तोड़फोड़ से भरा होता है। और कभी-कभी ऐसा होता भी है। लेकिन मैंने जिस तरह का दुःख अनुभव किया, वह खामोशी में डूबने जैसा था। मेरे आस-पास जीवन चलता रहा, गाड़ियाँ गुज़रती रहीं... किराने की दुकानों में लोग मुस्कुराते रहे, मेरे चैट बॉक्स में संदेश आते रहे। लेकिन मैं वहीं थम सी गई थी, एक ऐसे पल में फँसी हुई थी जो आगे बढ़ने से इनकार कर रहा था।

मुझे वो फोन कॉल याद हैं। मुझे याद है फोन रखने के बाद कमरे में छा जाने वाली खामोशी। मुझे याद है कि दुनिया रुकी नहीं, जबकि मेरी दुनिया थम सी गई थी।

एक माता-पिता को खोना ही मुश्किल होता है। और इतने कम समय में दोनों को खोना? ऐसा लगा जैसे मेरी दुनिया की नींव ही हिल गई हो। वे सिर्फ़ "मेरे माता-पिता" नहीं थे। वे मेरे सहारा थे, मेरा इतिहास थे, वे लोग थे जो मुझे शुरुआत से जानते थे—मेरी सारी कमियों के साथ—और फिर भी मुझसे प्यार करते रहे। उनके बिना, मैं बेसहारा महसूस कर रहा था, जैसे बिना दिशा-निर्देश के भटक रहा हो।

मृत्यु में एक ऐसी अंतिम सच्चाई होती है जिसके लिए कोई भी आपको तैयार नहीं कर सकता। आपको लगता है कि आपके पास और समय होगा... एक और मुलाकात, एक और छुट्टी, रसोई की मेज पर एक और हंसी। लेकिन समय किसी से समझौता नहीं करता। यह बस आपको उस जीवन के टुकड़ों को थामे छोड़ जाता है जो कभी था, और आप सोचने लगते हैं कि अब क्या करें जब वे लोग चले गए हैं जिन्होंने आपको सुरक्षित महसूस कराया था। गया।

और फिर भी, उस दुख के बीच, कुछ और उभरने लगा। एक अजीब सी स्पष्टता।

जब आप उन लोगों को खो देते हैं जिनके बिना आप जी नहीं सकते थे, तो आप अलग-अलग सवाल पूछने लगते हैं:

- मैं अब कौन हूँ?
- मेरे लिए वास्तव में क्या मायने रखता है?
- अगर जीवन इतना क्षणभंगुर है, तो मैं अपने बचे हुए समय को कैसे बिताना चाहूँगी?

मुझे तुरंत जवाब नहीं मिले। दुःख समय पर जीवन का अर्थ नहीं देता। लेकिन मेरे माता-पिता का बिछड़ना, चाहे कितना भी दर्दनाक क्यों न हो, मेरे लिए एक गहन आत्मिक यात्रा की शुरुआत बन गया। इसने मुझे अपने जीवन को देखने के लिए मजबूर किया, न कि उस जीवन को जो मैंने दूसरों के लिए बनाया था, बल्कि उस जीवन को जो मैं अपने लिए बनाना चाहती थी।

काश वे अब भी जीवित होते। काश मैं उन्हें वह सब कुछ बता पाता जो मैंने सीखा है।

लेकिन अब मैं उन्हें अपने साथ रखता हूँ, उस रूप में नहीं जैसे वे पहले थे,

बल्कि उन सभी चीजों में जो मैं तब से बन गया हूँ।

अध्याय तीन: घाटी से गुजरते हुए

कोई भी घाटी को नहीं चुनता।

यह कोई ऐसी मंजिल नहीं है जिसकी आप योजना बनाते हैं, जैसे सफलता, प्रेम या जीवन का उद्देश्य। यह एक ऐसी जगह है जहाँ आप अचानक पहुँच जाते हैं—हादसे, निराशा और बदलाव के कारण। और अचानक आप वहाँ होते हैं, यह नहीं जानते कि आप वहाँ कैसे पहुँचे, और उससे भी ज़्यादा यह नहीं जानते कि वहाँ से कैसे निकलें।

मेरे लिए, यह दुख सिर्फ परिस्थितियों तक सीमित नहीं था। हाँ, मैंने अपने प्रियजनों को खोया था। हाँ, मेरी नौकरी चली गई थी। लेकिन असल में, जो बात इसे दुखमय बनाती थी, वह थी मेरे अंदर की भावनाएँ: खोया हुआ, थका हुआ, खाली और अनदेखा महसूस करना।

हर दिन एक जैसा लगने लगा था। मैं सुबह उठती, छत को घूरती और सोचती कि क्या मैं जो कुछ भी कर रही हूँ उसका कोई महत्व है भी या नहीं। कुछ दिन तो मैं बस रस्म अदायगी करती—घर साफ करती, नौकरी के लिए आवेदन करती, मैंने आधे-अधूरे मन से मुस्कुराते हुए संदेशों का जवाब दिया। कुछ दिन मैं जरूरत से ज्यादा देर तक बिस्तर में ही पड़ी रही, इसलिए नहीं कि मैं आलसी थी, बल्कि इसलिए कि मुझे उठने का कोई मतलब ही नहीं दिखता था।

घाटी में चीजों को बिल्कुल मूल रूप में सामने लाने की एक अनोखी कला है। यह वास्तविकता और शोर के बीच के अंतर को उजागर करती है। और उस कच्चेपन में, आप अपने उन पहलुओं से मिलते हैं जिन्हें आपने पहले कभी नहीं देखा था। इनमें से कुछ दर्दनाक होते हैं—जैसे दूसरों से मान्यता पाने की गहरी ज़रूरत, असफलता का डर, या यह विश्वास कि आपका मूल्य उत्पादकता से जुड़ा है। लेकिन कुछ खूबसूरत भी होते हैं: शांत शक्ति, वह लचीलापन जिसके बारे में आपको पता भी नहीं था, और आशा की वह छोटी सी लौ जो कभी बुझने से इनकार करती है।

मुझे लगता था कि ठीक होना जल्दी हो जाएगा। मुझे लगता था कि एक दिन मैं ऊर्जा और स्पष्टता के साथ जागूँगी, और नए सिरे से शुरुआत करने के लिए तैयार हो जाऊँगी। लेकिन मुश्किल समय ऐसे नहीं बीतता। यह कोई दौड़ नहीं है; यह रेंगने जैसा है। और कभी-कभी, प्रगति का मतलब सिर्फ बिस्तर से उठना, बाहर जाना, या खुद के प्रति दयालु होना होता है, जबकि अंदर से सब कुछ हार मानने को तैयार होता है।

सबसे मुश्किल बात क्या थी? यह न जानना कि यह घाटी कब तक चलेगी। मैंने एक संकेत, एक नक्शा, एक शॉर्टकट—कुछ भी जिससे मुझे आगे बढ़ने में मदद मिले, के लिए प्रार्थना की। लेकिन मुझे बस यही जवाब मिला: *बस अगला कदम उठाएं।*

तो, मैं आपसे विनम्रतापूर्वक पूछता हूँ:

आपकी घाटी कैसी लगती है?

अगर आपको इसे कोई नाम देना हो, तो वह क्या होगा?

थोड़ा समय लेकर विचार करें। कोई आलोचना नहीं। सब कुछ समझने का कोई दबाव नहीं। बस ईमानदारी।

जब मैंने अपनी घाटी के अलगाव को नाम दिया, तो कुछ बदल गया। मुझे वास्तव में-मुझे एहसास हुआ कि मैंने जिम्मेदारियों को निभाने, अपेक्षाओं को पूरा करने और जीवन को सुचारू रूप से चलाने में इतना समय व्यतीत कर दिया था कि मैं अपनी आत्मा से ही दूर हो गई थी। मुझे नई नौकरी या जीवन में कोई बड़ा बदलाव नहीं चाहिए था, कम से कम अभी तो नहीं। मुझे पुनर्संबंध की आवश्यकता थी। स्वयं से। उद्देश्य से। उन लोगों से जो मुझे याद दिलाते थे कि मैं वास्तव में कौन हूँ।

घाटी का नामकरण करने से मुझे एक शुरुआती बिंदु मिल गया।

इससे मुझे यह समझने में मदद मिली कि उतार-चढ़ाव सजा नहीं होते, बल्कि निमंत्रण होते हैं। धीमे चलने, सुनने, ठीक होने और अंततः विकास करने के निमंत्रण।

आपको शायद अभी बाहर निकलने का रास्ता नहीं पता

होगा। कोई बात नहीं। अभी बस इतना करें कि आप जहां

हैं, उस जगह का नाम बता दें।

क्योंकि एक बार जब आप घाटी का नाम जान लेते हैं, तो आप उसमें अपना रास्ता खोजना शुरू कर सकते हैं।

और मैंने ऐसा ही किया। धीरे-धीरे, अनिश्चितता के साथ। इसलिए नहीं कि मैंने अपनी ताकत या आत्मविश्वास वापस पा लिया था, बल्कि इसलिए कि स्थिर रहना हिलने-डुलने से ज्यादा दर्दनाक था।

इस घाटी में मुझे आसान जवाब नहीं मिले। लेकिन मुझे सच्चाई जरूर मिली। और वह यह थी: भले ही आपको आगे का रास्ता दिखाई न दे, भले ही आपको लगे कि आप एक ही जगह घूम रहे हैं, फिर भी आप आगे बढ़ रहे हैं। आप विकास कर रहे हैं। और अंततः, लंबी से लंबी घाटियाँ भी समाप्त हो जाती हैं।

आपको यह जानने की ज़रूरत नहीं है कि सड़क

कहाँ जाती है। आपको बस चलते रहना है।

यशायाह 41:10“*डरो मत, क्योंकि मैं तुम्हारे साथ हूँ; भयभीत मत हो, क्योंकि मैं तुम्हारा परमेश्वर हूँ। मैं तुम्हें बल दूँगा; मैं तुम्हारी सहायता करूँगा; मैं अपने धर्मी दाहिने हाथ से तुम्हें थामे रहूँगा।*”

चौथा अध्याय:
अगला सही कदम

घाटी का नामकरण करने के बाद, तुरंत यह सवाल उठता है: अब आगे क्या?

हमें एक रोडमैप चाहिए, एक पांच-चरण वाली योजना चाहिए, एक ऐसा वादा चाहिए कि अगर हम बस पूरी कोशिश करें, तो हम फिर से पहले जैसे हो जाएंगे। लेकिन उतार-चढ़ाव ऐसे काम नहीं करते। वे समयसीमा का पालन नहीं करते, और उनसे आसानी से बाहर निकलने का रास्ता भी नहीं मिलता।

यदि हम इसे स्वीकार करने के लिए तैयार हैं, तो वे हमें धीरे-धीरे स्पष्टता प्रदान करते हैं।

जब मैं अपने जीवन के सबसे गहरे अंधकार में डूबा हुआ था, तब किसी ने मुझसे एक ऐसा सवाल पूछा जिसे मैं कभी नहीं भूलूंगा:

अगला सही कदम क्या है? यह सही कदम नहीं है। यह अंतिम समाधान भी नहीं है।
कोई बड़ा बदलाव नहीं। बस

अगला सही कदम।

पहले तो मुझे समझ नहीं आया कि इसका जवाब कैसे दूं। लेकिन जैसे-जैसे मैंने इस बारे में सोचा, मुझे एहसास हुआ कि अगला सही कदम शायद बेहद सरल हो सकता है:

- एक गिलास पानी पीना।
- मैं एक घंटे के लिए अपना फोन बंद कर रहा हूँ।
- किसी ऐसी चीज को "ना" कहना जो मुझे थका देती है।
- मैं किसी ऐसे व्यक्ति को फोन कर रहा हूँ जिस पर मुझे भरोसा है।
- पांच मिनट के लिए बाहर बैठकर सांस लेना।

यह मामूली लग रहा था। लेकिन जब छोटे कदम इरादे के साथ उठाए जाते हैं, तो उनमें शक्ति होती है। वे हमें वर्तमान क्षण से जोड़ते हैं। वे हमें याद दिलाते हैं कि हम शक्तिहीन नहीं हैं। वे हमें हमारी अपनी क्षमता से फिर से जोड़ते हैं, हमारे भीतर के उस शांत, दृढ़ हिस्से से जो भविष्य के अनिश्चित होने पर भी आगे बढ़ना जानता है।

कभी-कभी, अगला सही कदम आराम करना

होता है। कभी-कभी, सही कदम सच बोलना

होता है।

कभी-कभी, इसका मतलब मदद मांगना होता है।

अगर आप इसे पढ़ रहे हैं और बदलाव के विचार से घबरा रहे हैं, तो यहीं रुक जाइए। गहरी सांस लीजिए। आपको सब कुछ समझने की ज़रूरत नहीं है। आपको बस अपने आप से एक सरल सा सवाल पूछना है:

आज, अभी इसी क्षण, मेरा अगला सही कदम क्या होना चाहिए?

और फिर उसे ले लो। इस तरह हम घाटी से होकर आगे बढ़ना शुरू करते हैं। निश्चितता के साथ नहीं। पूर्णता के साथ नहीं।

लेकिन उपस्थिति के साथ।

नीतिवचन 3:5-6 *अपने पूरे मन से प्रभु पर भरोसा रखो, और अपनी समझ पर भरोसा मत करो। अपने सभी कार्यों में उसे याद रखो, और वह तुम्हारे मार्ग को सीधा करेगा।*

अध्याय पाँच:
प्रकाश का पहला संकेत

मुझे कोई नाटकीय सफलता नहीं मिली।

कोई अचानक से ज्ञानोदय नहीं हुआ। आधी रात को कोई गहन अहसास नहीं हुआ।

बस एक सुबह जो महसूस हुई *थोड़ा* अलग।

मेरी खिड़की के बाहर आसमान कुछ ज़्यादा ही कोमल लग रहा था। मैं रोज़ से थोड़ा जल्दी बिस्तर से उठ गई। मैंने चाय बनाई और उसे चखा। मानो सदियों बाद, पहली बार मैंने रुककर अपने हाथों में चाय के मग की गर्माहट और पर्दों से छनकर आती रोशनी को महसूस किया। यह पूरी तरह से खुशी तो नहीं थी, लेकिन एक तरह की तल्लीनता का एहसास ज़रूर था। सांस

लेने जैसी कोई चीज।

उपचार की यही खासियत है; यह शांत होता है।

यह अपने आने का शोर नहीं मचाता। यह छोटी-छोटी बातों के

ज़रिए चुपके से आ जाता है। एक ऐसी सैर जो आपके दिमाग को

तरोताज़ा कर दे।

एक ऐसी बातचीत जो आपको थका न दे।

एक हंसी—वास्तविक, अप्रत्याशित—जो आपको चौंका दे।

और फिर एक दिन, बिना किसी योजना के, मैंने खुद को बर्तन धोते समय गुनगुनाते हुए पाया।

तभी मुझे पता चला: मेरे अंदर कुछ जागृत हो रहा था।

दर्द अभी भी कम नहीं हुआ था। सारे सवालों के जवाब भी नहीं मिले थे। लेकिन हर दिन का बोझ? वह थोड़ा हल्का हो गया था। और मुझे एहसास होने लगा था कि शायद दोबारा जीना शुरू करने के लिए मुझे हर चीज का हल निकालना जरूरी नहीं है।

आशा की पहली किरण मेरे आस-पास की दुनिया से नहीं, बल्कि मेरे भीतर से आई। मेरे खुद से बात करने के तरीके में बदलाव आया। मैंने जीवन के "सामान्य होने" का इंतजार करना बंद करने और कुछ नया बनाने का फैसला किया, भले ही मुझे अभी यह पता न हो कि वह कैसा होगा।

मैंने छोटी-छोटी चीजों के लिए हां कहना शुरू कर दिया:

- एक दोस्त के साथ सैर।
- डायरी में कुछ पंक्तियाँ लिखना।
- डिब्बाबंद खाना खाने के बजाय घर पर खाना बनाना।

- मैंने मदद मांगी—इसलिए नहीं कि मैं कमजोर थी, बल्कि इसलिए कि मैं अब सब कुछ अकेले नहीं संभालना चाहती थी।

वे छोटे-छोटे 'हाँ' जुड़ते गए। दिन-ब-दिन, वे इस बात का प्रमाण बन गए कि मैं वह अभी भी यहीं था, अभी भी सक्रिय था, और अभी भी पुनर्निर्माण करने में सक्षम था।

घाटी अभी भी मेरे पीछे थी, इतनी करीब कि महसूस हो सके, लेकिन अब इतनी दूर भी कि मुझे आगे कुछ दिखाई दे रहा था। मैं अभी उसका नाम नहीं बता सकता था। मैं उसे छू नहीं सकता था। लेकिन मैं उसे महसूस कर सकता था—क्षितिज पर एक हल्की सी चमक।

आशा।

और इतना ही काफी था आगे बढ़ते रहने के लिए।

यशायाह 40:31 *लेकिन जो लोग प्रभु पर भरोसा रखते हैं, वे अपनी शक्ति को फिर से प्राप्त करेंगे। वे बाज की तरह पंखों पर उड़ेंगे; वे दौड़ेंगे और थकेंगे नहीं; वे चलेंगे और कमजोर नहीं पड़ेंगे।*

अध्याय छह:
जब आस्था वास्तविक बन जाती है

मैं पहले सोचता था कि आस्था कोई ऐसी चीज है जिसे आप अपनी जेब में हमेशा रखते हैं—हमेशा मौजूद, हमेशा तैयार। एक स्थिर लौ, एक परिचित भाषा और सांत्वना का स्रोत।

लेकिन घाटी में, मेरा विश्वास शांत हो गया।

प्रार्थनाएँ खोखली सी लगने लगीं।

जिन धर्मग्रंथों से कभी शांति मिलती थी, वे अचानक दूर की गूँज की तरह लगने लगे।

और सबसे बुरी बात यह थी कि मुझे अकेलापन महसूस हुआ—न केवल दुनिया में, बल्कि अपनी आत्मा में भी।

मुझे लगा कि मैंने अपना विश्वास खो दिया है। लेकिन जो मैंने बाद में सीखा वह कुछ और ही था:

मैंने उसे खोया नहीं था।

मैं उस रूप से आगे बढ़ चुका था जिसने कभी मुझे बांधे रखा था।

देखिए, सब कुछ बिखरने से पहले, मेरा विश्वास निश्चितता से जुड़ा हुआ था। अगर मैं प्रार्थना करती, तो सब ठीक हो जाता। अगर मैं दयालु होती, तो जीवन निष्पक्ष होता। अगर मैं पर्याप्त भरोसा रखती, तो परिणाम मेरी अपेक्षाओं के अनुरूप होते। लेकिन जीवन हमेशा इन नियमों का पालन नहीं करता। हानि, दुःख और असफलता ने उन सभी मान्यताओं को चकनाचूर कर दिया। और मुझे ऐसे प्रश्न छोड़ दिए जिन्हें पूछने से मैं डरती थी।

मैंने पाया कि आस्था का अर्थ संदेह का अभाव नहीं है।

इसका अर्थ है संदेह के बावजूद भरोसा करने का

साहस।

जब मैं अपनी यात्रा के सबसे धुंधले दौर में थी, तब मैं खुलकर प्रार्थना नहीं कर पा रही थी। मेरे पास शब्द ही नहीं थे। मेरे पास बस फुसफुसाहट थी... उम्मीद के कुछ टुकड़े। कुछ दिन तो मेरी प्रार्थना बस एक साँस होती थी: "मदद करो।" और कुछ दिन मौन—लेकिन उस मौन में प्रतीक्षा करने, सुनने और यह उम्मीद रखने की भावना होती थी कि यीशु मसीह अब भी मुझे थामे हुए हैं, भले ही मैं इसे महसूस न कर पाऊँ।

कुछ समय तक मैंने अपने विश्वास को "ठीक" करने की कोशिश नहीं की। मैंने भावनात्मक उतार-चढ़ाव का पीछा नहीं किया और न ही खुद को उन भावनाओं को दोहराने के लिए मजबूर किया जो अब मेरे मन में नहीं थीं। मैं बस चुपचाप बैठी रही। मैं रोई। मैं चिल्लाई। मैंने अंधेरे में सवाल फुसफुसाए

और जवाबों की मांग नहीं की। और किसी तरह, उस शांत और ईमानदार जगह में, कुछ बदल गया।

मुझे यह अहसास होने लगा कि ठीक होने के बाद भगवान मेरा इंतजार नहीं कर रहे थे।

वह था *मेरे साथ*टूटेपन में, सवालों में, मौन में। आस्था परिणामों पर विश्वास करने से हटकर उपस्थिति पर अधिक केंद्रित हो गई। नियंत्रण से हटकर समर्पण पर अधिक केंद्रित हो गई। मैंने संकेतों की तलाश करना बंद कर दिया और निकटता की तलाश करने लगी। बड़े चमत्कारों में नहीं, बल्कि छोटी-छोटी कृपाओं में।

- किसी अजनबी के मुंह से सही समय पर कहे गए सही शब्द।
- एक ऐसी शांति का अहसास जिसका वहां होने का कोई कारण नहीं था।
- बिना किसी योजना के भी, आगे बढ़ते रहने के लिए एक शांत प्रोत्साहन।

मैंने सीखा कि सच्चा विश्वास दर्द की अनुपस्थिति में नहीं बनता; यह दर्द के बीच में बनता है।

यह उस तरह का विश्वास नहीं है जो तूफान को नकारता है, बल्कि उस तरह का विश्वास है जो मानता है कि अभी भी एक उद्देश्य बाकी है। *अंदर*यह।

हो सकता है कि आप अभी वहीं हों।

हो सकता है आपको ऐसा लगे कि आपका ईश्वर से संबंध टूट गया है। हो सकता है जिस आस्था ने कभी आपको सहारा दिया था, वह अब कमजोर पड़ गई हो। अगर ऐसा है, तो मैं आपसे विनम्रतापूर्वक यह कहना चाहता हूँ:

आप असफल नहीं हो रहे हैं।

आप अभी यात्रा के उस पड़ाव से गुजर रहे हैं जहां आस्था एक भावना होने

के बजाय एक विकल्प बन जाती है।

यह मानने का विकल्प कि आपको त्यागा नहीं गया है।

यह मानने का विकल्प कि घाटी अंत नहीं है।

यह मानने का विकल्प कि अभी भी प्रकाश है—बस कोहरे में छिपा हुआ है।

और कभी-कभी, आस्था का सबसे बड़ा कार्य बस बने रहना

होता है। खुला रहना होता है। मुलायम बने रहने के लिए।

यह विश्वास बनाए रखने के लिए कि उपचार अभी भी संभव है।

अभी आपको मजबूत महसूस करने की जरूरत नहीं है। बस आपको

स्थिर रहना है। यहां भी, अभी भी, ईश्वर आपके अनुमान से कहीं

अधिक निकट है।

विश्वास ने मुझे घाटी से बाहर नहीं

निकाला। बल्कि वह मेरे साथ-साथ

चला। *साथ* मुझे इससे उबरने में मदद

मिली।

और धीरे-धीरे, यह एक ऐसी चीज बन गई जिस पर मैं फिर से खड़ा हो सकता था - इसलिए नहीं कि जीवन आसान हो गया, बल्कि इसलिए कि मैं अब अकेला नहीं चल रहा था।

2 **कुरिन्थियों 5:7**" *क्योंकि हम दृष्टि से नहीं बल्कि विश्वास से चलते हैं।*

अध्याय सात:
आस्था का पुनर्निर्माण, धीरे-धीरे

जब आप किसी घाटी से गुज़र रहे होते हैं, तो ऐसा लगता है मानो आपकी पूरी दुनिया बिखर गई हो। आपके जीवन के टुकड़े, आपकी दिनचर्या, आपके विश्वास, आपकी उम्मीदें—सब कुछ बिखर कर आपके चारों ओर पड़ा होता है, पहचानना मुश्किल। आप सोच सकते हैं कि आखिर सब कुछ फिर से कैसे संवरेगा। जब सब कुछ बिखर गया हो, तो आस्था को कैसे बहाल किया जा सकता है?

लेकिन निराशा के शांत क्षणों में मैंने यह सीखा: पुनर्स्थापना एक झटके में नहीं होती। यह सब कुछ एक साथ जोड़ने के बारे में नहीं है। बल्कि, विश्वास एक-एक करके छोटे-छोटे टुकड़ों को फिर से बनाता है, जैसे मोज़ेक। यह आशा और विश्वास के शांत कार्यों में निहित है। जिससे एक नई तस्वीर, एक

बिल्कुल नया दृष्टिकोण बनने लगता है।

आस्था को फिर से स्थापित करने का पहला कदम यह स्वीकार करना है कि कमियां होना स्वाभाविक है। आस्था पूर्णता के बारे में नहीं है। यह फिर से शुरुआत करने की इच्छाशक्ति के बारे में है—चाहे वह कदम कितना भी छोटा क्यों न लगे।

तो चलिए, सबसे पहले आस्था का एक छोटा सा अंश ढूंढकर शुरुआत करते हैं।

मेरे लिए, इसकी शुरुआत याद करने के एक सरल कार्य से हुई। मेरे जीवन में सब कुछ बिखर नहीं गया था। हर रिश्ता, हर सीख, हर आशीर्वाद खो नहीं गया था। मेरे जीवन के कुछ अंश, यहाँ तक कि उस कठिन समय में भी, अब भी सुंदर थे। कृपा, दया और प्रेम के ऐसे क्षण थे जिन्होंने मुझे याद दिलाया कि ईश्वर की उपस्थिति ने मुझे नहीं छोड़ा था; मैंने बस उन्हें महसूस करना बंद कर दिया था।

शायद आपके जीवन में भी ऐसे पल आते हों।

एक शांत सूर्योदय।

एक दोस्त का फोन। एक परिचित

गीत से मिलने वाला सुकून।

भोजन का ऐसा स्वाद जो आपको शांति प्रदान करे।

ये क्षण टुकड़े हैं। ये संपूर्ण के अंश हैं। लेकिन जब आप इन्हें महसूस करना शुरू करते हैं, तो ये आपस में जुड़कर कुछ ऐसा मजबूत रूप ले लेते हैं जिसकी आप कल्पना भी नहीं कर सकते।

सबसे पहले, खुद को थोड़ा रुकने दें। बस गहरी सांस लें। याद रखें कि धुंध में भी आप अकेले नहीं हैं। ठीक होना एक प्रक्रिया है, पल भर में सब कुछ

साफ हो जाना नहीं। यह भरोसा करने का एक छोटा सा दैनिक निर्णय है। दर्द के न होने पर नहीं, बल्कि किसी बड़ी शक्ति की उपस्थिति में।

और जैसे-जैसे आप अपने विश्वास को फिर से संवारना शुरू करते हैं, सच्चाई यह है: आपके विश्वास में पड़ी दरारें कमजोरी नहीं हैं। बल्कि ये वे स्थान हैं जहाँ से नई रोशनी प्रवेश कर सकती है।
ऐसे दिन भी आएंगे जब आपका विश्वास डगमगाएगा, और यह स्वाभाविक है। कभी-कभी, विश्वास बस एक हल्की सी लौ की तरह होता है। लेकिन हर लौ मायने रखती है। भरोसे का हर कार्य, आशा की ओर उठाया गया हर कदम, एक छोटी सी जीत है। और अगर आप इसे मौका देंगे, तो वह छोटी सी लौ और भी मजबूत हो जाएगी।

विश्वास धीरे-धीरे फिर से मजबूत होता जाता है, जब तक कि एक दिन आप ऊपर देखते हैं और महसूस करते हैं कि घाटी आपकी अंतिम मंजिल नहीं है। यह आपकी कहानी का एक हिस्सा है, हाँ—लेकिन पूरी कहानी नहीं।

आपको पता चलेगा कि रोशनी केवल रास्ते के अंत में ही नहीं है, बल्कि आपके द्वारा उठाए गए प्रत्येक कदम में मौजूद है।

इब्रानियों 11:1 *"विश्वास हमें हमारी आशाओं की वास्तविकता दिखाता है; यह उन चीजों का प्रमाण है जिन्हें हम देख नहीं सकते।"*

अध्याय आठ:
घाटी में उद्देश्य की पुनः खोज

निराशा की इस घाटी में सबसे मुश्किल बात सिर्फ नुकसान ही नहीं है, बल्कि कहीं न पहुँचने का एहसास भी है। आप हर दिन उठते हैं, अपनी जिम्मेदारियाँ निभाते हैं, फिर भी कुछ कमी का एहसास आपको अंदर ही अंदर खाए रहता है। आप सोचते हैं: क्या बस इतना ही है? दिनचर्या नीरस लगने लगती है, और भविष्य अनिश्चित। आपका उद्देश्य, जो कभी आपको आगे बढ़ने का रास्ता दिखाता था, अब धुंध में खोया हुआ सा लगता है।

मैं काफी देर तक धुंध में खोया रहा।

जब मेरी जानी-पहचानी हर चीज़ बिखर गई, तो मैंने न सिर्फ अपनी नौकरी या अपने माता-पिता को खोया, बल्कि मैंने जीवन का अर्थ भी खो दिया। *मैं कौन था*और *मैं क्यों महत्वपूर्ण था.*

मैंने वर्षों तक एक स्पष्ट उद्देश्य के साथ अपना जीवन जिया था: कड़ी मेहनत करना, दूसरों का साथ देना, निर्धारित राह पर चलना। लेकिन जब वह उद्देश्य मुझसे छीन लिया गया, तो मैं एक अपरिचित दुनिया में अकेला खड़ा रह गया, यह सोचकर कि मेरी जगह कहाँ है।

शुरुआत में, मैंने उन चीज़ों में मकसद खोजने की कोशिश की जिन पर मेरा नियंत्रण था—लक्ष्य तय करना, सूचियाँ बनाना, ऐसी अगली चीज़ की तलाश करना जो मुझे "ठीक" कर दे। मुझे लगा कि अगर मैं सही प्रोजेक्ट ढूंढ लूँ या सही कदम उठा लूँ, तो मकसद मुझे अपने आप मिल जाएगा। लेकिन जितना ज़्यादा मैंने इसे अपने से बाहर खोजना शुरू किया, उतना ही यह मुझसे दूर होता चला गया।

जब मैंने खोजना बंद किया तभी मुझे वह मिला।

जिस क्षण मैं रुका *कोशिश कर रहा हूँ*एक उद्देश्य रखने के लिए और खुद को बस *होना*कुछ बदल गया। मुझे एहसास हुआ कि जीवन का उद्देश्य कोई ऐसी चीज नहीं है जो हमें रास्ते के अंत में मिलती है। यह वह चीज है जिसे हम रास्ते पर चलते हुए, परत दर परत खोजते हैं।

जीवन का उद्देश्य किसी भव्य घोषणा के साथ प्रकट नहीं होता। यह अक्सर धीमी आवाज़ में बोलता है—उन छोटे-छोटे इशारों से जो वास्तव में मायने रखते हैं, जो आपको उत्साहित करते हैं, जो आपकी आत्मा से मेल खाते हैं। जीवन की घाटी में, उद्देश्य धूमधाम से नहीं आता; यह शांत निमंत्रणों के साथ आता है कि आप छोटे, सार्थक कदम उठाकर एक ऐसे जीवन की ओर बढ़ें जो आपके दिल को भाए।

जिस शांत वातावरण से मैं कभी डरता था, वहाँ मैंने पूछना शुरू किया:

- मुझे वास्तव में किस बात की परवाह है?
- मुझे जो खुशी मिलती है, वह इसलिए नहीं कि यह अपेक्षित है, बल्कि इसलिए कि यह *मुझे भर देता है*?

- अगर मेरे पास सभी सवालों के जवाब न भी हों, तो भी उद्देश्यपूर्ण जीवन जीने का क्या मतलब है?

उद्देश्य एक बाहरी लक्ष्य से बदलकर एक आंतरिक अवस्था बन गया। यह खुद को साबित करने या अपनी उपलब्धियों को मापने के बारे में नहीं था। उपलब्धियों के माध्यम से मूल्य। यह सब इस बारे में था कि मैं दुनिया में कैसे प्रस्तुत होती हूँ—मैं कैसे देती हूँ, कैसे प्यार करती हूँ, कैसे... *सुना.*

मैंने छोटे स्तर से शुरुआत की।

- मैंने चर्च में स्वयंसेवा करना शुरू किया, इसलिए नहीं कि यह मेरे रिज्यूमे पर अच्छा दिखता था, बल्कि इसलिए कि इससे मुझे उन लोगों से जुड़ने का मौका मिला जो अपनी-अपनी मुश्किलों से जूझ रहे थे।
- मैंने दोबारा लिखना शुरू किया—मान्यता पाने के लिए नहीं, बल्कि अपने अंदर की भावनाओं को व्यक्त करने के लिए, अपने दर्द को आवाज़ देने के लिए।
- मैंने अपने परिवार के साथ अधिक समय बिताना शुरू कर दिया, इसलिए नहीं कि मुझे ऐसा करना पड़ता था, बल्कि इसलिए कि वे मुझे मेरे अतीत की याद दिलाते थे। *हमेशा* यह सर्वविदित है कि जीवन में सबसे महत्वपूर्ण चीजें वे हैं जिन्हें मापा नहीं जा सकता।

उद्देश्य कोई मंजिल नहीं है; यह जीने का हमारा तरीका है, चाहे अंधेरा ही क्यों न हो। यह अनिश्चित मार्ग पर भी आगे बढ़ते रहने का निर्णय है।

मैंने खुद से जो सबसे महत्वपूर्ण सवाल पूछना शुरू किया, वह यह था: अभी मुझे क्या सार्थक लगता है? कल नहीं। भविष्य में नहीं। बल्कि आज, इस सब के बीच, मैं ऐसा क्या कर सकता हूँ जो मुझे मेरे अंतर्मन से जोड़े? कौन से कार्य, चाहे वे कितने भी छोटे क्यों न हों, मुझे यह एहसास दिलाते हैं कि मैं वास्तविक जीवन जी रहा हूँ?

जैसे-जैसे मैं खुद से यह सवाल पूछता गया, वैसे-वैसे मुझे अपने दिन में उद्देश्य के छोटे-छोटे पल धीरे-धीरे शामिल होते हुए नजर आने लगे:

- एक ऐसी बातचीत जो वास्तविक और गहन प्रतीत हुई।
- एक ऐसी किताब जिसने मेरे अंदर कुछ जगा दिया।
- कृतज्ञता का एक शांत क्षण जिसने मुझे स्थिरता प्रदान की।
- किसी मित्र या परिवार के सदस्य की जरूरत पड़ने पर उनकी मदद करना, भले ही मैं खुद थका हुआ महसूस कर रहा हूँ।

उद्देश्य हमेशा भव्य या दुनिया को बदलने वाला नहीं होता। कभी-कभी, यह बस छोटी-छोटी चीजें ही जीवन को जीने लायक बनाती हैं। देखिए, जीवन की घाटी वो जगह नहीं है जहाँ उद्देश्य खो जाता है... बल्कि ये वो जगह है जहाँ अक्सर उद्देश्य फिर से पाया जाता है। जब सब कुछ पीछे छूट जाता है, तो आपके पास आपका असली स्वरूप और वो चीज़ बचती है जो वास्तव में आपके लिए मायने रखती है। और कभी-कभी, आगे बढ़ने के लिए आपको बस इसी चीज़ की ज़रूरत होती है।

और जैसे-जैसे मैं अपनी घाटी में धीरे-धीरे आगे बढ़ता गया, एक नया उद्देश्य आकार लेने लगा—ऐसा उद्देश्य जो समाज की अपेक्षाओं या सफलता की खोज से प्रेरित नहीं था, बल्कि ऐसा उद्देश्य जो मेरे हृदय से मेल खाता था। ऐसा उद्देश्य जो मुझे जीवित होने का एहसास कराता है, इसलिए नहीं कि मैं क्या कर रहा हूँ, बल्कि इसलिए कि मैं कैसा हूँ।

अब उद्देश्य किसी मंजिल को निर्धारित करना नहीं रह गया है। यह अनिश्चित मार्ग पर भी इरादे के साथ आगे बढ़ने के बारे में है। यह उपस्थित होने, वर्तमान में मौजूद रहने और इस विश्वास के बारे में है कि धीरे-धीरे रास्ता अपने आप खुल जाएगा।

मैंने जिन मुश्किलों का सामना किया है, उनके पीछे के सभी कारणों को मैं शायद कभी पूरी तरह से न समझ पाऊं, लेकिन मैं इतना ज़रूर जानता हूं: जीवन का उद्देश्य तब नहीं मिलता जब सब कुछ आसान हो। यह वह चीज़

है जिसे आप तब बनाते हैं जब आप सबसे कठिन पलों में भी सच्चाई से जीने का चुनाव करते हैं। और उस उद्देश्य को बनाने की प्रक्रिया में ही आप खुद को पाते हैं—ठीक उसी जगह जहां आपको होना चाहिए।

इसलिए, मैं आपसे आग्रह करता हूं कि गहरी सांस लें और खुद से पूछें:

आज मैं ऐसा कौन सा छोटा सा काम कर सकता हूँ जो मुझे सार्थक लगे?

यह जरूरी नहीं कि यह जीवन बदलने वाला अनुभव हो। बस यह आपके लिए सच्चा होना चाहिए।

और जैसे-जैसे आप उद्देश्य के इन छोटे-छोटे टुकड़ों को खोजना शुरू करेंगे, आपको यह एहसास होने लगेगा कि घाटी में भी आपका जीवन अर्थपूर्ण है। यह शायद स्पष्ट न हो, लेकिन आपके द्वारा उठाए गए कदम, चाहे वे कितने भी छोटे क्यों न हों, एक ऐसे व्यक्ति के पदचिह्न हैं जो उद्देश्यपूर्ण जीवन जी रहा है।

यिर्मयाह 29:11 *"क्योंकि मैं तुम्हारे लिए अपनी योजनाएँ जानता हूँ, यहोवा कहता है, ये योजनाएँ भलाई के लिए हैं, बुराई के लिए नहीं, ताकि तुम्हें भविष्य और आशा मिले।"*

अध्याय नौ:
शांति के मार्ग पर आगे बढ़ते हुए

जब आप अपने जीवन का उद्देश्य खोजना शुरू करते हैं, तो कुछ अद्भुत घटित होता है... आपको लगता है कि अब यह रास्ता उतना कठिन नहीं लगता। ऐसा नहीं है कि सारे सवालों के जवाब मिल जाते हैं, या चुनौतियाँ अचानक गायब हो जाती हैं। नहीं, बात यह है कि आपको यह एहसास होने लगता है कि शांति बाहरी परिस्थितियों से नहीं मिलती। यह सब कुछ समझ लेने से नहीं मिलती। यह भीतर से आती है।

घाटी में शांति एक अभ्यास है। यह वह चीज नहीं है जिसका हम इंतजार करते हैं; यह वह चीज है जिसे हम हर कदम के साथ विकसित करते हैं। यह उन पलों में है जब हम धीमे हो जाते हैं और खुद को सांस लेने देते हैं। यह उस तरीके में है जिससे हम हर दिन का सामना करते हैं, अपेक्षा या जल्दबाजी के साथ नहीं, बल्कि जीवन को सहजता से आगे बढ़ने देने की शांत इच्छा के साथ।

घाटी में, जब सब कुछ भारी और अनिश्चित लगता है, तो शांति एक असंभव सपने जैसी लगने लगती है। शोर, अराजकता, लगातार आगे बढ़ने का दबाव, यह मानना आसान है कि शांति हमें केवल शांत क्षणों में ही मिल सकती है, जो हमारे सामने आने वाले संघर्षों से बहुत दूर होते हैं। लेकिन क्या होगा अगर शांति तूफान के गुजर जाने के बाद ही नहीं आती? क्या होगा अगर शांति वह चीज है जिसे हम तूफान के बीच में भी विकसित कर सकते हैं, तब भी जब हवाएं गरज रही हों और हमारे पैरों तले जमीन हिल रही हो?

घाटी के बीचोंबीच, ऐसे क्षण आएंगे जब आप खोया हुआ, अनिश्चित या अभिभूत महसूस करेंगे। आप सोचेंगे कि क्या आप कभी इससे बाहर निकल पाएंगे। आप पूछेंगे कि जब आपके चारों ओर सब कुछ अशांत हो, तो क्या शांति का अनुभव करना संभव है।

मैं उस भावना को अच्छी तरह समझता हूँ। लेकिन मैंने जो सीखा है वह यह है कि शांति का अर्थ कष्टों का अभाव नहीं है; बल्कि यह कष्टों के बीच स्थिरता की उपस्थिति है।

यह कठिनाइयों से रहित दुनिया की खामोशी नहीं है।

सच्ची शांति बाहरी उथल-पुथल के बीच भी अपने भीतर स्थिरता पाने की क्षमता है।

यह अराजकता के क्षणों में स्वयं को स्थिर रखने का चुनाव करने की क्षमता

है, जब आपके चारों ओर सब कुछ बदल रहा हो तब भी अपने आप को दृढ़ बनाए रखने की क्षमता है।

दुनिया भले ही बेतहाशा भाग रही हो। जिम्मेदारियां बढ़ती जा रही हों, और आगे अनिश्चितता का माहौल आपकी कल्पना से भी परे हो। लेकिन शांति का अर्थ है, जब हर चीज़ आपको विचलित करने लगे, तब भी बार-बार अपने आंतरिक संतुलन में लौटना सीखना। असली काम यहीं से शुरू होता है। शांति की प्राप्ति जीवन के स्थिर होने का इंतजार करने से नहीं होती; बल्कि आंतरिक शांति के साथ तूफानों का सामना करना सीखने से होती है। यह उन साधनों और अभ्यासों को विकसित करने से होती है जो आपको अपने आप से जुड़ने में मदद करते हैं, चाहे आपके बाहर कुछ भी घट रहा हो।

घाटी में अपने स्वयं के सफर के दौरान, मैंने पाया कि शांति एक ही बार में नहीं मिलती—यह वह चीज है जिसे मैं दिन-प्रतिदिन सृजन करता हूँ। और अक्सर, इसकी शुरुआत छोटे-छोटे सचेत कार्यों से होती है।

यहां कुछ ऐसे तरीके दिए गए हैं जिनसे मुझे अपने जीवन में शांति बनाए रखने में मदद मिली:

1. **कृतज्ञता**चाहे वह कितना भी छोटा क्यों न हो, कृतज्ञता मुझे वर्तमान क्षण में स्थिर रखती है। मैंने अपने दिन की शुरुआत उन तीन चीजों पर ध्यान केंद्रित करके करने की आदत बना ली है जिनके लिए मैं आभारी हूं। कभी-कभी वे बड़ी होती हैं, लेकिन ज्यादातर समय वे छोटी होती हैं: एक खूबसूरत सूर्योदय, एक शांत सुबह, बाहर पक्षियों की चहचहाहट।

2. **गहरी सांस लेना**जब चिंता या घबराहट से मेरा सीना जकड़ने लगता है, तो मैं अपनी सांसों पर ध्यान केंद्रित करती हूँ। धीमी, गहरी सांसें। ऐसी सांसें जो मुझे वर्तमान क्षण में वापस ले आती हैं।

सांस लेना मुझे याद दिलाता है कि मैं जीवित हूँ और इस पल मेरे पास वह सब कुछ है जिसकी मुझे ज़रूरत है और मैं अराजकता के बीच भी शांति पा सकती हूँ।

3. **नियंत्रण छोड़ देना**मैंने उन चीजों को छोड़ना सीख लिया है जिन्हें मैं नियंत्रित नहीं कर सकती। यह सबसे कठिन, फिर भी सबसे मुक्तिदायक अभ्यासों में से एक है। हमें सभी सवालों के जवाब जानने की ज़रूरत नहीं है। हमें हर चीज को ठीक करने की ज़रूरत नहीं है। कभी-कभी, शांति यथास्थिति को स्वीकार करने, भरोसा करने और यह विश्वास करने से मिलती है कि हर दिन इतना ही काफी है। यह विश्वास रखना कि चीजें अपने तय समय पर घटित होंगी, शांति के पनपने के लिए जगह बनाएगा।

4. **ध्यानपूर्ण क्षण**: मात्र वर्तमान में रहना ही शांति का एक रूप है। जब मैं पूरी तरह से वर्तमान में होता हूँ—चाहे मैं किसी मित्र से बात कर रहा हूँ या सुबह की सैर कर रहा हूँ—तो मुझे गहरी शांति का अनुभव होता है। मैं अतीत या भविष्य की चिंता करना छोड़ देता हूँ और स्वयं को ठीक उसी स्थिति में रहने देता हूँ जहाँ मैं हूँ।

सच तो यह है कि शांति के लिए पूर्णता की आवश्यकता नहीं होती। इसके लिए हर चीज का सही ढंग से व्यवस्थित होना जरूरी नहीं है। इसके लिए बस हमें इतना समय चाहिए कि हम रुककर यह देख सकें कि अराजकता के बीच भी शांति के लिए जगह मौजूद है।

शांति का अनुभव करने के लिए दृढ़ संकल्प, धैर्य और बार-बार अपने भीतर लौटने की इच्छाशक्ति की आवश्यकता होती है, खासकर जब जीवन में उथल-पुथल मची हो। यह कोई जादुई उपाय या एक बार का समाधान नहीं है; यह शांति के छोटे-छोटे, निरंतर क्षणों को बनाने की एक प्रक्रिया है जो

समय के साथ जुड़ती जाती है। और जैसे-जैसे आप शांति का अभ्यास करना शुरू करते हैं, यह अधिक स्वाभाविक, अधिक सुलभ और आपके व्यक्तित्व का अभिन्न अंग बन जाती है।

घाटी में, शांति का अर्थ हमेशा स्थिरता नहीं होता। कभी-कभी, शांति अनिश्चित मार्ग पर भी आगे बढ़ते रहने का दृढ़ निश्चय होता है। यह कहने का साहस है, "मैं अपने आस-पास की अराजकता को अपने आंतरिक जगत को परिभाषित नहीं करने दूँगा।" यह एक ऐसा जीवन बनाने का चुनाव है जहाँ शांति हर पल का अभिन्न अंग हो, चाहे परिस्थितियाँ कितनी भी चुनौतीपूर्ण क्यों न हों।

तो, आपकी घाटी में आपको शांति कहाँ मिलती

है? क्या यह एक कप कॉफी के साथ शांत क्षणों में

मिलती है?

क्या यह खिड़की के पास बैठकर बाहर की दुनिया को देखने में पाया जाता है? क्या गहरी सांस लेने जैसी सरल क्रिया में ही आपको अपने दिल की धड़कन तेज महसूस होती है?

यह स्थायी नहीं हो सकता। आप इसे पा भी सकते हैं और फिर खो भी सकते हैं, लेकिन जितना अधिक आप अभ्यास करेंगे, उतना ही आपको एहसास होगा कि शांति कभी उतनी दूर नहीं थी जितनी प्रतीत होती थी। यह हमेशा वहीं थी, बस आपके ध्यान देने का इंतजार कर रही थी।

और जब आप इसे महसूस करेंगे, तो आप शांत आत्मविश्वास के साथ घाटी में चलना शुरू कर देंगे, यह जानते हुए कि सबसे कठिन क्षणों में भी, आपको सहारा दिया जा रहा है। आपका मार्गदर्शन किया जा रहा है। और आप अकेले नहीं हैं।

तूफान तो आते रहेंगे, लेकिन आप पाएंगे कि आपमें उनका

सामना करने की शक्ति और शांति है, यह जानते हुए कि आपके अस्तित्व के मूल में, शांति हमेशा आपकी पहुंच में है।

फिलिप्पियों 4:6-7" *किसी भी बात की चिंता न करो, बल्कि हर बात में प्रार्थना और विनती के साथ धन्यवाद देते हुए अपनी विनती परमेश्वर के सामने रखो।*

अध्याय दस:
परिवर्तन को अपनाना

परिवर्तन को अक्सर प्रकृति की एक शक्ति के रूप में चित्रित किया जाता है—जिससे डरना चाहिए, जिसका विरोध करना चाहिए, जो हमारी सावधानीपूर्वक बनाई गई योजनाओं को बाधित कर देती है। लेकिन क्या होगा यदि हम परिवर्तन को शत्रु के बजाय मित्र के रूप में स्वीकार करना सीख लें? क्या होगा यदि हम परिवर्तन को अपने ऊपर घटित होने वाली घटना के बजाय एक अवसर के रूप में देखना शुरू कर दें—विकास करने, आगे बढ़ने और अपने जीवन की पुनर्कल्पना करने का निमंत्रण?

जीवन के किसी भी अन्य समय की तुलना में, यह घाटी परिवर्तन का मौसम है। यह वह समय है जब हमारे जीवन के परिचित परिदृश्य बदलने लगते हैं, जब जिस रास्ते पर हम चल रहे थे वह अस्पष्ट लगने लगता है, और जब हमें अज्ञात का सामना करने के लिए मजबूर होना पड़ता है। घाटी में,

परिवर्तन अपरिहार्य है, चाहे हम इसके लिए तैयार हों या न हों। लेकिन हम परिवर्तन पर कैसी प्रतिक्रिया देते हैं, यही वास्तव में मायने रखता है। अपने जीवन के सफर में मैंने सीखा है कि बदलाव घबराहट या विरोध का कारण नहीं होना चाहिए। बल्कि, यह जीवन का एक स्वाभाविक हिस्सा है—परिवर्तन की एक निरंतर प्रक्रिया है। इससे बचना नहीं चाहिए; बल्कि इसे स्वीकार करना चाहिए, भले ही यह कितना भी असहज क्यों न हो।

परिवर्तन को स्वीकार करने के बारे में मैंने कुछ महत्वपूर्ण सबक सीखे हैं:

- **परिवर्तन ही विकास का बीज है।**
  परिवर्तन अक्सर असुविधा के रूप में आता है, लेकिन असुविधा ही वह आधार है जिस पर विकास होता है। अनिश्चितता, खोया हुआ महसूस करना या असमंजस के क्षण अक्सर वही क्षण होते हैं जो हमें गहरी समझ और अपार संभावनाओं की ओर ले जाते हैं। हम तब विकसित नहीं होते जब सब कुछ स्थिर रहता है; हम तब विकसित होते हैं जब हमें चुनौतियों का सामना करना पड़ता है, अपनी क्षमताओं को बढ़ाना पड़ता है और अपने आराम के दायरे से बाहर निकलने के लिए मजबूर होना पड़ता है। उतार-चढ़ाव के दौर में, परिवर्तन हमें ऐसे तरीकों से विकसित और विस्तारित होने का निमंत्रण देता है जिनकी हमने कभी कल्पना भी नहीं की होगी।

- **अतीत से लगाव छोड़ दें**
  परिवर्तन की सबसे कठिन बातों में से एक है बीते हुए कल को छोड़ना। हम अक्सर अतीत को मजबूती से थामे रहते हैं, पुरानी बातों को याद करते हैं और उभरती हुई नई वास्तविकता का विरोध करते हैं। लेकिन सच्चा विकास तब होता है जब हम उन चीजों से अपना लगाव छोड़ देते हैं जिन पर अब हमारा कोई नियंत्रण नहीं है। अतीत हमारा हिस्सा है, लेकिन यह हमें परिभाषित नहीं करता। जब हम बीते हुए कल की छाया में जीना छोड़ देते हैं, तो हम भविष्य की संभावनाओं के लिए खुद को खोल देते हैं।

- **बदलाव को खतरे के बजाय अवसर के रूप में देखें।**

  परिवर्तन अक्सर अनिश्चितता और परिचित चीजों के खोने के साथ आता है, इसलिए यह डरावना लग सकता है। लेकिन क्या होगा अगर हम परिवर्तन को नए सिरे से गढ़ने के अवसर के रूप में देखें? क्या होगा अगर आने वाली चीजों से डरने के बजाय, हम खुद से पूछना शुरू करें, मैं इससे क्या सीख सकता हूँ? यह परिवर्तन मुझे वह व्यक्ति बनने में कैसे मदद कर सकता है जो मुझे बनना चाहिए? हर पल परिवर्तन का अनुभव, चाहे वह छोटा हो या बड़ा, खुद को फिर से गढ़ने, पुरानी आदतों को छोड़ने और वास्तव में हम जो हैं उससे अधिक सामंजस्य स्थापित करने का एक अवसर है।

- **असुविधा में छिपे सबक खोजें**

  जीवन के एक चरण से दूसरे चरण में संक्रमण के दौरान, परिवर्तन अक्सर असुविधा का दौर लेकर आता है। असुविधा को दूर भगाना, उससे जल्द से जल्द निकलने की कोशिश करना या उसे पूरी तरह से टाल देना आसान है। लेकिन सच्चाई यह है कि असुविधा ही वह जगह है जहाँ हमें सबक मिलते हैं। अनिश्चितता के क्षणों में ही हम अपने बारे में, अपनी सहनशीलता और अनुकूलन क्षमता के बारे में अधिक सीखते हैं। असुविधा से डरने के बजाय, हम उसके साथ रहना सीख सकते हैं और यह विश्वास कर सकते हैं कि वह हमें किसी बेहतर चीज़ की ओर ले जा रही है।

- **अनिश्चितता के लिए गुंजाइश रखें।**

  परिवर्तन का सबसे डरावना पहलू अनिश्चितता है। हम योजना बनाना, दिशा-निर्देश तय करना और नियंत्रण का भाव रखना पसंद करते हैं। लेकिन सच्चाई यह है कि कितनी भी योजना बना लें, जीवन के उतार-चढ़ाव के लिए हम पूरी तरह तैयार नहीं हो सकते। कभी-कभी, सबसे अच्छा यही होता है कि हम अनिश्चितता के लिए जगह बनाएं। इसका विरोध करने के बजाय, हम रहस्य को स्वीकार कर सकते हैं, यह विश्वास करते हुए कि जीवन अपने तय रास्ते पर चलेगा। अनिश्चितता के उन क्षणों में, हम कठोर अपेक्षाओं

को त्यागने और आगे आने वाली सुंदरता से आश्चर्यचकित होने की स्वतंत्रता पा सकते हैं।

- **जीवन की सहजता को अपनाएं।**
   जीवन एक सीधी रेखा नहीं है। यह मोड़ों, घुमावों और अप्रत्याशित परिवर्तनों की एक श्रृंखला है। हम इस प्रवाह को जितना अधिक अपनाएंगे, अनिश्चितता के बीच उतनी ही शांति पा सकेंगे। स्थिरता या नियंत्रण के लिए प्रयास करने के बजाय, हम परिवर्तनों के साथ बहना सीख सकते हैं, यह विश्वास करते हुए कि प्रत्येक मोड़, प्रत्येक बदलाव, एक व्यापक यात्रा का हिस्सा है। घाटी वह स्थान है जहाँ हमें जीवन के प्राकृतिक उतार-चढ़ाव के सामने आत्मसमर्पण करने और यह विश्वास करने के लिए आमंत्रित किया जाता है कि सबसे अराजक क्षणों में भी, हम आगे बढ़ रहे हैं। प्रक्रिया में विश्वास पैदा करें
   जब हमारे चारों ओर सब कुछ बदल रहा होता है, तो खोया हुआ, अनिश्चित और अपने उद्देश्य से अलग महसूस करना आसान होता है। लेकिन यही वो क्षण होते हैं जब विश्वास हमारा सबसे बड़ा साथी बन जाता है। जीवन की प्रक्रिया पर विश्वास। यह विश्वास कि भले ही हम पूरी तस्वीर न देख पाएं, चीजें वैसे ही घटित हो रही हैं जैसे उन्हें होना चाहिए। यह विश्वास कि हर अनुभव, हर चुनौती और हर बदलाव हमें ठीक उसी जगह ले जाता है जहाँ हमें होना चाहिए।

जैसे-जैसे हम जीवन की चुनौतियों से गुज़रते हैं, बदलाव एक ज़बरदस्त चुनौती जैसा लग सकता है। लेकिन क्या होगा अगर हम इसका विरोध करने के बजाय इसे अपने विकास का हिस्सा मानकर स्वीकार कर लें? क्या होगा अगर हम अपने जीवन में होने वाले बदलावों को हमें आकार देने, हमें सिखाने और नए अवसरों के द्वार खोलने दें?

इसलिए, मैं आपसे यह प्रश्न स्वयं से पूछने का आग्रह करता हूँ: ***मैं अपने जीवन में हो रहे बदलावों को कैसे स्वीकार कर सकता हूँ?***

इसका अर्थ यह हो सकता है कि आप किसी ऐसी चीज़ को छोड़ दें जो अब

आपके लिए उपयोगी नहीं है, किसी अपरिचित परिस्थिति में जिज्ञासा के साथ कदम रखें, या इस बात पर भरोसा रखें कि अनिश्चितता अंततः आपको किसी खूबसूरत चीज़ तक ले जाएगी। परिवर्तन से डरने की ज़रूरत नहीं है; इसे खुले दिल से अपनाएं, यह जानते हुए कि यही वह चीज़ है जो आपको जीवन के अगले अध्याय की ओर ले जाएगी।

> इस घाटी में, परिवर्तन ही विकास का उत्प्रेरक है। यह आपके अतीत और भविष्य के बीच का सेतु है। इसे अपनाएं और इसे संभावनाओं से भरे भविष्य की ओर ले जाने दें।

यशायाह 43:19 *देखो, मैं कुछ नया करने जा रहा हूँ; यह अभी आ रहा है। क्या तुमने इसे नहीं देखा? निश्चय ही, मैं जंगल में एक मार्ग बनाऊँगा और रेगिस्तान में नदियाँ बहाऊँगा।*

अध्याय ग्यारह:
लचीलापन बनाना

लचीलापन जन्मजात गुण नहीं होता।

यह एक ऐसी चीज है जिसे आप धीरे-धीरे, चुपचाप, समय के साथ बनाते हैं।

घाटी में, हम अपनी ताकत को भूल जाना आसान है। जब हम चुनौतियों, अनिश्चितताओं और पीड़ा से घिरे होते हैं, तो ऐसा लगता है मानो हमने अपनी सहनशक्ति खो दी हो; मानो यात्रा के बोझ ने हमारी ताकत को निचोड़ दिया हो। लेकिन सच्चाई यह है: ताकत कोई ऐसी चीज नहीं है जिसे हम खोते हैं, बल्कि यह वह चीज है जिसे हम फिर से पाते हैं, अक्सर सबसे अप्रत्याशित तरीकों से।

मुझे लगता था कि लचीलापन का मतलब मजबूत होना है। ऐसा व्यक्ति जो किसी भी मुश्किल से पार पा सके, जो सब कुछ संभाल सके, जो दबाव में न टूटे। लेकिन अपनी नौकरी, अपने माता-पिता, और अपने सपनों की जिंदगी, सब कुछ खोने के बाद, मुझे एहसास हुआ कि लचीलापन ऐसा बिल्कुल नहीं होता। इसका मतलब कभी न टूटना नहीं है; इसका मतलब

है हार के बाद उठ खड़े होने का तरीका जानना। यह दृढ़ निश्चय से आता है कि चाहे रास्ता कितना भी कठिन हो, भविष्य अनिश्चित हो, आगे बढ़ते रहना है। यह अनिश्चितता के सामने भी डटकर खड़े रहने का साहस है, और यह विश्वास करने का साहस है कि जीवन में आने वाली हर चुनौती का हम सामना करने में सक्षम हैं।

लंबे समय तक मुझे लगता था कि ताकत का मतलब सब कुछ अपने अंदर दबाकर रखना है। अपने दर्द, अपने डर, अपनी उलझन को छुपाए रखना, ठीक होने का दिखावा करना, जबकि मैं ठीक नहीं थी, मुझे ज़्यादा सुरक्षित लगता था। लेकिन इस तरह की "ताकत" सिर्फ़ आपको कमज़ोर करती है। और समय के साथ, मैंने सीखा कि असली लचीलापन सब कुछ ठीक होने का दिखावा करने में नहीं है। यह खुद को दर्द महसूस करने देने, चुनौतियों का डटकर सामना करने और फिर भी आगे बढ़ते रहने का चुनाव करने में है।

लचीलापन विकसित करना एक प्रक्रिया है। यह रातोंरात नहीं होता। यह हर दिन लिए गए छोटे-छोटे फैसलों का संग्रह है, जो मिलकर कुछ ऐसा मजबूत बनाते हैं जिसकी आप कल्पना भी नहीं कर सकते।

मैंने बुनियादी बातों से शुरुआत की:

- बिस्तर से उठना।
- अपने शरीर का ख्याल रखना—खाना-पीना, व्यायाम करना, सोना।
- दूसरों से संपर्क करना, तब भी जब मेरा मन नहीं करता था।
- बिना किसी अपराधबोध के खुद को आराम करने देना।
- मैंने खुद को क्रोध, दुःख और भय की भावनाओं को महसूस करने की अनुमति दी— और फिर समय आने पर उन्हें जाने दिया।

लचीलापन वह सीख है कि दर्द आपको परिभाषित नहीं करता। यह

आपको आकार दे सकता है, लेकिन आपके भविष्य को नियंत्रित नहीं कर सकता। मैंने पाया कि अपने दुख, अपने डर और अपनी अनिश्चितता का सामना करके, मैं एक ऐसी मजबूत नींव बना सकती हूँ जो आगे आने वाली किसी भी चुनौती का सामना करने के लिए पर्याप्त हो। हर बार जब मैं लड़खड़ाई, मैं फिर से उठ खड़ी हुई। हर बार जब मुझे गिराया गया, मैंने फिर से उठने का रास्ता खोज लिया—कभी और मजबूत होकर, कभी थोड़ी और नाजुक होकर, लेकिन हमेशा। *इच्छुक* ऊपर उठना। सच तो यह है कि कई बार मुझे लगा कि मुझमें लचीलापन नहीं है। कई बार मैंने हार मानने और अपनी सारी मेहनत से बनाई हुई हर चीज़ को छोड़कर चले जाने के बारे में सोचा। लेकिन जो बात मुझे समझ में आई वह यह है: लचीलापन का मतलब अटूट होना नहीं है। इसका मतलब है... *इच्छुक* जब ऐसा लगे कि आपके जीवन के टुकड़े आपके चारों ओर बिखरे पड़े हैं, तब भी आगे बढ़ते रहना।

इसका मतलब है असफलताओं को स्वीकार करना, लेकिन उन्हें अपने जीवन की पहचान न बनने देना।

इसका मतलब यह स्वीकार करना है कि कुछ दिन आप थके हुए होंगे, और कुछ दिन आप लड़खड़ाएंगे—लेकिन फिर भी उपस्थित होने का निर्णय लें।

अपनी ताकत को पुनः प्राप्त करना रातोंरात नहीं होता। यह एक प्रक्रिया है: आत्म-खोज और स्वीकृति की यात्रा। इसके लिए हमें स्वयं के प्रति धैर्य रखना होगा, अपनी कमजोरियों को स्वीकार करना होगा और उन चुनौतियों को गले लगाना होगा जो हमें आगे बढ़ने में मदद करती हैं। लेकिन जितना अधिक हम अपनी ताकत को पुनः प्राप्त करते हैं, उतना ही हमें एहसास होता है कि यह वास्तव में कभी खोई ही नहीं थी। यह हमेशा से हमारे भीतर ही थी, बस हमें इसे इस्तेमाल करने की आवश्यकता थी।

जैसे-जैसे मैंने लचीलेपन का अभ्यास किया, मुझे एहसास हुआ कि यह सिर्फ जीवन के तूफानों से बचने के बारे में नहीं है। यह बारिश में नाचना सीखने, टूटे हुए टुकड़ों को लेकर कुछ नया बनाने और चुनौतियों को विकास के

अवसरों के रूप में देखने के बारे में है।

कठिनाइयों से बचकर आप लचीले नहीं बनते। आप उनका सामना करके, उन्हें स्वीकार करके और उनके बावजूद आगे बढ़ते रहने का चुनाव करके लचीले बनते हैं।

मुझे आज भी कभी-कभी संदेह होता है, डर लगता है, और हार मानने का मन करता है। लेकिन अब मेरे पास एक और भी मजबूत चीज है—यह विश्वास कि चाहे कुछ भी हो जाए, मैं इससे पार पा लूंगी।

इसलिए नहीं कि मैं अजेय हूं, बल्कि इसलिए कि मैंने उठना सीख लिया है। इसलिए, मैं आपसे यह प्रश्न स्वयं से पूछने का आग्रह करता हूँ: ***मैं आज अपनी ताकत वापस पाने के लिए क्या कर सकता हूँ?***

हो सकता है कि आप खुद के प्रति दयालु बनकर ऐसा कर सकें, हो सकता है कि आप अपनी सीमाएं तय कर सकें, या हो सकता है कि आप किसी ऐसी चीज की ओर पहला कदम बढ़ा सकें जिससे आपको डर लगता है। चाहे जो भी हो, यह जान लें कि आप जितना सोचते हैं उससे कहीं अधिक मजबूत हैं, और आपकी यह शक्ति धीरे-धीरे, एक-एक पल करके, पुनः प्राप्त होने का इंतजार कर रही है।

> घाटी में, ताकत हमेशा जीत के रूप में नहीं दिखती। कभी-कभी, यह आगे बढ़ते रहने, ठीक होने और उठने का एक शांत संकल्प होता है। और हर कदम के साथ, चाहे वह कितना भी छोटा क्यों न हो, आप पाएंगे कि आपकी ताकत कभी खत्म नहीं हुई थी, वह बस आपके याद करने का इंतजार कर रही थी।

फिलिप्पियों 4:13 “*मैं मसीह के द्वारा सब कुछ कर सकता हूँ, जो मुझे शक्ति प्रदान करता है।*

अध्याय बारह:
कृतज्ञता के साथ पीछे मुड़कर देखना

पहले तो मुझे नुकसान में कोई अच्छाई नजर नहीं आ रही थी।

जब सब कुछ बिखर गया, तो मैं दर्द, सवालों और जीवन में रह गए गहरे खालीपन से अंधा हो गया था। भला मैं इतनी विनाशकारी घटना के लिए कैसे आभारी हो सकता था? जो चीजें इतनी गलत लग रही थीं, उनमें मैं कैसे अर्थ ढूंढ सकता था?

लेकिन समय के साथ आपका नजरिया बदल जाता है।

जैसे-जैसे मैं अपनी यात्रा में आगे बढ़ता गया, मुझे कुछ ऐसी चीजें दिखने लगीं जो मैंने पहले कभी नहीं देखी थीं—दुःख में छिपे सबक, संघर्ष से मिली तरक्की, कमजोरी से पैदा हुई ताकत। ऐसा नहीं था कि दर्द गायब हो गया,

बल्कि मैंने इसे एक अलग नजरिए से देखना सीखा। और धीरे-धीरे, कृतज्ञता का भाव मन में आने लगा।

कृतज्ञता का मतलब यह नहीं है कि आपको हर उस चीज के लिए आभारी होना है जो घटित हुई है।
मैं अपने माता-पिता की मृत्यु या अपनी नौकरी खोने के लिए कभी आभारी नहीं होऊंगा। वे बातें आज भी चुभती हैं। लेकिन जो बात मुझे समझ में आई है, वह यह है:

कृतज्ञता का अर्थ परिस्थितियों के लिए आभारी होना नहीं है। यह हैउन परिस्थितियों के प्रति आभारी होना जिन्होंने आपको बदला, आपको चुनौती दी और अंततः आपको विकसित होने में मदद की।

मैंने घाटी को दुख, संघर्ष और मौन के क्षणों से जोड़ा। घाटी में, मैंने संदेह, भय या हानि से जूझना पड़ा। लेकिन घाटी में ही मुझे ईश्वर की सबसे अप्रत्याशित और अयोग्य कृपा प्राप्त हुई।

ईश्वर ने अपना प्रेम मुझ पर बरसाने के लिए मेरे शिखर तक पहुँचने का इंतजार नहीं किया; वह मुझसे निम्नतम स्थानों में ही मिले।

घाटी में, कृपा का अर्थ हमेशा पलायन नहीं होता है।

कभी-कभी यह तूफ़ान के बीच शांति जैसा लगता है। कभी-

कभी यह मुझे बिस्तर से उठने के लिए हर दिन की ताकत देता

है। कभी-कभी यह एक शांत, धीमी आवाज़ होती है जो मुझे

याद दिलाती है: "तुम अकेले नहीं हो।"

दुख की इस घड़ी में कृतज्ञता कच्ची, सच्ची और अक्सर आँसुओं से भीगी होती है। लेकिन यह बहुत शक्तिशाली होती है। क्योंकि जब मैं ईश्वर को दर्द के लिए नहीं, बल्कि उसमें उनकी उपस्थिति के लिए धन्यवाद देने में सक्षम

हुई, तब मैंने एक ऐसी कृपा का अनुभव करना शुरू किया जो मुझे सहारा देती है। कृतज्ञता का अर्थ दर्द को नकारना या यह दिखावा करना नहीं है कि दर्द हुआ ही नहीं। इसका अर्थ है दर्द से मिले लाभ को स्वीकार करना—उससे मिले सबक, विकास, स्वयं से और दूसरों से गहरा जुड़ाव। इसका अर्थ है अंधकार में प्रकाश और संघर्ष में आशा देखना।

हानि का दर्द, हालांकि अभी भी कष्टदायी है, इसने मुझे जीवन के प्रति गहरी सराहना सिखाई है। इसने मुझे अधिक जागरूक, अधिक दयालु और उन क्षणों की क्षणभंगुरता के प्रति अधिक सचेत बनाया है जिन्हें मैं अक्सर हल्के में लेता हूँ।

अब मैं पीछे मुड़कर देख सकती हूँ और उन चुनौतियों का सामना करने में मैंने जो दृढ़ता विकसित की, उसे देख सकती हूँ। मैं उन अनपेक्षित स्थानों से मिली दयालुता के क्षणों को देख सकती हूँ, उन लोगों को देख सकती हूँ जो मेरे सबसे कठिन समय में मेरे साथ खड़े रहे, और अपने उन गुणों को देख सकती हूँ जिनके बारे में मुझे परीक्षा से पहले कभी पता नहीं था। इन्हीं क्षणों में मुझे एक नई शक्ति मिली, अपनी क्षमताओं की एक नई समझ मिली।

पीछे मुड़कर देखने पर, मैं आत्मचिंतन के उन शांत क्षणों के लिए आभारी हूँ, उन पलों के लिए जब मुझे रुककर अपने जीवन का मूल्यांकन करने का मौका मिला। इन्हीं ठहरावों में मैंने यह पुनः जाना कि वास्तव में क्या मायने रखता है: जुड़ाव, प्रामाणिकता, प्रेम और उद्देश्यपूर्ण जीवन। मुझे अपने जीवन का पुनर्मूल्यांकन करने और अपने सच्चे मूल्यों के साथ फिर से जुड़ने का अवसर मिला—ऐसा कुछ जो मैं कभी नहीं कर पाती अगर सब कुछ वैसा ही रहता।

घाटी से शिखर तक की मेरी यात्रा शायद ही कभी तेज़ या आसान रही हो। यहीं मैंने कदम-दर-कदम, सांस-दर-सांस ईश्वर पर भरोसा करना सीखा। मैं गिरा। मैं उठा। मैंने सीखा। मैं विकसित हुआ। और इन सबके बीच, **ईश्वर का प्रेमकृपा ने मुझे आगे बढ़ाया**.

मुझे एहसास हुआ कि कृतज्ञता का अर्थ है सहनशीलता रखना। इसका अर्थ है यह कहना चुनना:

हे प्रभु, आप जो कुछ भी कर रहे हैं, उसके लिए आपका धन्यवाद, भले ही मैं उसे देख न पाऊं।

धन्यवाद, मेरे साथ चलने के लिए, तब भी जब मुझे ऐसा महसूस नहीं होता। धन्यवाद, मुझे केवल आगे बढ़ाने के लिए नहीं, बल्कि मुझे आकार देने के लिए।

चढ़ाई के दौरान कृतज्ञता का प्रत्येक कार्य मेरी आत्मा को मजबूत करता था और मेरे हृदय को याद दिलाता था कि**मेरा रूपांतरण हो रहा है।**.

मैं अपने द्वारा निर्मित व्यक्ति के लिए कृतज्ञता के साथ पीछे मुड़कर देख सकता हूँ।

मैं वो नहीं हूँ जो तूफान से पहले थी—और ये ठीक है। मैं वो इंसान नहीं हूँ जो दुख और हानि से टूटकर घाटी में आई थी। मैं एक नई इंसान हूँ—मजबूत, समझदार और अपनी इस टूटन में भी संपूर्ण।

और इसलिए, जब मैं इस यात्रा पर विचार करता हूँ, तो मैं कृतज्ञता व्यक्त करना चुनता हूँ - हानि के लिए नहीं, बल्कि उस हानि से मिले ज्ञान के लिए। कठिनाई के लिए नहीं, बल्कि उस कठिनाई के लिए जिसने मुझे आज का इंसान बनाया है।

क्योंकि अंततः, कृतज्ञता घावों को नहीं मिटाती।

यह आपको उन्हें उनके वास्तविक स्वरूप में देखने में मदद करता है: आपकी ताकत का प्रमाण, आपके लचीलेपन की याद दिलाता है, और इस बात का सबूत है कि आप बच गए।

इसलिए, मैं आपसे यह प्रश्न स्वयं से पूछने का आग्रह करता हूँ: ***आज मेरे जीवन में ऐसी कौन सी एक चीज है जिसके लिए मैं आभारी हो सकता हूँ?***

यह किसी दोस्त के साथ बिताया गया एक पल जितना सरल हो सकता है या खुद को हंसने की अनुमति देने की क्षमता। चाहे कुछ भी हो, याद रखें कि हमेशा कुछ न कुछ ऐसा होता है जिसके लिए आभारी होना चाहिए। यह हमेशा उपलब्ध होता है, यहां तक कि मुश्किल समय में भी। यह सही परिस्थितियों की प्रतीक्षा करने के बारे में नहीं है - यह यात्रा में ही इसे खोजने के बारे में है। मुश्किलों के बीच, खुशी शायद हमारी उम्मीदों से अलग रूप में दिखाई दे, लेकिन वह हमेशा मौजूद रहती है, बस उसे ढूंढने की ज़रूरत होती है। और जब हम खुद को संघर्षों के बीच भी इसका अनुभव करने देते हैं, तो हमें एहसास होता है कि खुशी कोई ऐसी चीज़ नहीं है जिसे हमें खोजना पड़े; बल्कि यह वह चीज़ है जिसे हम हर पल में खुद बना सकते हैं।

1 थिस्सलनीकियों 5:18 *"हर परिस्थिति में धन्यवाद दो; क्योंकि मसीह यीशु में तुम्हारे लिए परमेश्वर की यही इच्छा है।"*

अध्याय तेरह:
शांति को गले लगाना

ऐसी दुनिया में जहाँ हर पल हमारा ध्यान हमारी ओर आकर्षित होता है, शांति अक्सर एक विलासिता, एक दूर का सपना लगती है जिसे हम हासिल नहीं कर पाते। हम हज़ारों दिशाओं में खिंचे चले जाते हैं—हमारी ज़िम्मेदारियाँ, हमारी प्रतिबद्धताएँ और हमारे आस-पास की दुनिया का शोर। इस भागदौड़ भरी ज़िंदगी में शांति की शक्ति को भूल जाना आसान है, यह मानना आसान है कि प्रगति करने के लिए हमें लगातार आगे बढ़ते रहना, लगातार प्रयास करते रहना और लगातार उपलब्धियाँ हासिल करते रहना होगा। लेकिन मैंने सीखा है कि शांति गति का अभाव नहीं है; यह वह स्थान है जहाँ विकास, स्पष्टता और उपचार संभव होते हैं।

शांति ही वह क्षण है जब हम स्वयं से पुनः जुड़ते हैं, जब हम अपनी आत्मा की वाणी सुनते हैं, और जब हम जीवन की भागदौड़ में खोई हुई बुद्धिमत्ता को पुनः प्राप्त करते हैं। इन्हीं शांत क्षणों में हम वह शांति पा सकते हैं जिसकी हमें तलाश थी और वह अंतर्दृष्टि प्राप्त कर सकते हैं जिसकी हमें आगे बढ़ने के लिए आवश्यकता है।

घाटी में बिताए अपने समय के दौरान, मैंने पाया कि शांति से डरना या उससे बचना नहीं चाहिए। वास्तव में, यही वह चीज़ थी जिसकी मुझे अपनी ऊर्जा को पुनः प्राप्त करने, अपने विचारों को स्पष्टता देने और अपनी आत्मा को पोषित करने के लिए आवश्यकता थी। मेरे आस-पास की दुनिया भले ही तेज़ी से आगे बढ़ रही थी, लेकिन शांति में मुझे स्वयं से और ब्रह्मांड से जुड़ाव का गहरा अहसास हुआ।

शांति को अपनाने के बारे में मैंने कुछ सबक सीखे हैं: शांति स्पष्टता के लिए

स्थान बनाती है।

रोजमर्रा की भागदौड़ में, हम अक्सर अपने विचारों के शोर और अव्यवस्था से अभिभूत हो जाते हैं। निरंतर गति में रहते हुए निर्णय लेना, व्यापक दृष्टिकोण अपनाना या अपनी अंतरात्मा की आवाज सुनना मुश्किल हो जाता है। लेकिन शांति स्पष्टता के लिए जगह प्रदान करती है। जब हम विराम लेते हैं—चाहे ध्यान के माध्यम से, शांत चिंतन से या बस कुछ गहरी सांसें लेकर—हम खुद को चीजों को उनके वास्तविक स्वरूप में देखने का अवसर देते हैं। शांति में, हम प्रतिक्रिया देना बंद कर देते हैं और अवलोकन करना शुरू कर देते हैं। हम यह समझने लगते हैं कि वास्तव में क्या मायने रखता है और क्या केवल शोर है।

- **शांति ही उपचार का स्रोत है।**

हम अक्सर सोचते हैं कि उपचार के लिए कुछ करना ज़रूरी है—खुद को सुधारने, अपनी समस्याओं को हल करने या अपनी परिस्थितियों को बदलने के लिए कुछ करना। लेकिन मेरे अनुभव में, सच्चा उपचार तब होता है जब हम खुद को शांत रहने देते हैं। ठहराव के उन पलों में ही हम अपने शरीर और मन को आराम करने, तरोताज़ा होने और संतुलन बनाने का मौका देते हैं। जिस प्रकार पृथ्वी को ऋतुओं के बीच आराम करने के लिए समय चाहिए होता है, उसी प्रकार हमें भी अपनी ऊर्जा को पुनः प्राप्त करने और अपना संतुलन बहाल करने के लिए समय चाहिए होता है। शांति इस उपचार के लिए जगह प्रदान करती है।

- **शांति आत्मनिरीक्षण को प्रेरित करती है**

जीवन की भागदौड़ में अक्सर हमारे पास खुद से महत्वपूर्ण सवाल पूछने का समय या इच्छा नहीं होती। लेकिन जब हम शांति को अपनाते हैं, तो आत्मनिरीक्षण का द्वार खुल जाता है। शांत क्षणों में ही हम अपने मूल्यों, अपनी इच्छाओं, अपने भय और अपने सपनों

पर सही मायने में विचार कर सकते हैं। शांति हमें अपने भीतर गहराई से उतरने और अपने उन पहलुओं से जुड़ने का अवसर देती है जिन्हें हमने शायद नजरअंदाज कर दिया हो या भुला दिया हो। आत्मनिरीक्षण के इन क्षणों में, हमें इस बात की अंतर्दृष्टि प्राप्त होती है कि हम वास्तव में कौन हैं और हम वास्तव में क्या चाहते हैं।

- **शांति से धैर्य बढ़ता है।**

घाटी में, हम अक्सर खुद से, अपनी प्रगति से और अपनी परिस्थितियों से अधीर हो जाते हैं। हमें जवाब, समाधान और बदलाव चाहिए। सब कुछ अभी चाहिए। लेकिन शांति हमें धैर्य सिखाती है। यह हमें याद दिलाती है कि हर चीज तुरंत होना जरूरी नहीं है। कुछ चीजें, खासकर सबसे महत्वपूर्ण चीजें, समय लेती हैं। शांति हमें तुरंत परिणाम की चाहत को छोड़ने और यह विश्वास करने की अनुमति देती है कि सब कुछ अपने समय पर घटित हो रहा है। धैर्य का अर्थ निष्क्रियता नहीं है; इसका अर्थ है चीजों को अपनी गति से बढ़ने और विकसित होने देना।

- **शांति हमें वर्तमान से जोड़ती है।**

जब हम हमेशा भागदौड़ में रहते हैं, तो हम वर्तमान क्षण की सुंदरता को खो देते हैं। हम अपने विचारों में ही उलझे रहते हैं, अतीत या भविष्य के ख्यालों में डूबे रहते हैं। लेकिन शांति हमें वर्तमान में वापस ले आती है। यह हमें उस पल में खींच लाती है जहाँ जीवन घटित हो रहा है, जहाँ आनंद मिलता है और जहाँ हम शांति का अनुभव कर सकते हैं। शांति का अभ्यास करके, हम धीमे चलना और अपने आस-पास जो कुछ भी हो रहा है, उसके साथ पूरी तरह से उपस्थित रहना सीखते हैं, चाहे वह बाहर पक्षियों की चहचाहट हो, हमारी त्वचा पर सूरज की गर्माहट हो या हमारे दिल की भावनाएँ हों।

- **शांति रचनात्मकता को पोषित करती है।**

  हममें से कई लोग सोचते हैं कि रचनात्मकता निरंतर सक्रियता से आती है, कि अपनी रचनात्मक क्षमता को जगाने के लिए हमें लगातार उत्पादन और सृजन में व्यस्त रहना चाहिए। लेकिन मैंने पाया है कि रचनात्मकता शांति में पनपती है। जब हम खुद को रुकने, दिवास्वप्न देखने और बस शांत रहने का समय देते हैं, तो हम रचनात्मकता का द्वार खोलते हैं। नए विचारों के जन्म के लिए। शांति में, हमारा मन स्वतंत्र रूप से भटक सकता है, नए विचारों को जोड़ सकता है और उन रचनात्मक अंतर्दृष्टियों को जगा सकता है जिन्हें हम जीवन की व्यस्तता में शायद ही कभी समझ पाते हों। स्थिरता हमें अपेक्षाओं को त्यागने और यह विश्वास करने के लिए प्रेरित करती है कि जब हम रचनात्मकता को स्थान देंगे तो वह स्वतः ही प्रवाहित होगी।

- **शांति हमें सुनने की शक्ति देती है**

  शांति में हम वो सब सुन सकते हैं जो पहले व्यस्तता के कारण सुनाई नहीं देता था। चाहे वो हमारी अंतरात्मा की आवाज़ हो, हमारे शरीर की ज़रूरतें हों, या हमारे दिल की कोमल पुकार हो, शांति हमें गहराई से सुनने में सक्षम बनाती है। जब हम जीवन के शोर में उलझे होते हैं, तो हमें मार्गदर्शन देने वाले सूक्ष्म संदेशों को सुनना मुश्किल हो जाता है। लेकिन शांति के क्षणों में, हम सुनने के लिए अनुकूल परिस्थितियाँ बनाते हैं—स्वयं को, दूसरों को, और ब्रह्मांड के ज्ञान को।

- **शांति बनाए रखना स्वयं की देखभाल का एक रूप है।**

  आज की दुनिया में जहाँ निरंतर सक्रियता और उत्पादकता को महत्व दिया जाता है, वहाँ शांति एक विद्रोह की तरह लग सकती है। लेकिन यह आत्म-देखभाल का एक महत्वपूर्ण तरीका भी है। जब हम स्वयं को शांति का उपहार देते हैं, तो हम आराम,

आत्मचिंतन और नई ऊर्जा प्राप्त करने की अपनी आवश्यकता का सम्मान करते हैं। यह हमारे मानसिक, भावनात्मक और आध्यात्मिक स्वास्थ्य की देखभाल का एक तरीका है। शांति कोई विलासिता नहीं है; यह हमारे कल्याण के लिए एक आवश्यकता है।

घाटी में, ऐसा महसूस हो सकता है कि हमें संघर्ष से निकलने के लिए कुछ न कुछ करना चाहिए... कुछ भी। लेकिन कभी-कभी, सबसे शक्तिशाली चीज जो हम कर सकते हैं वह है बस रुक जाना और शांत रहना। शांति के इन्हीं क्षणों में हमें आगे बढ़ने की शक्ति और स्पष्टता मिलती है। आगे का रास्ता देखने के लिए, और उस शांति के लिए जो हमें हमारी शेष यात्रा में आगे बढ़ने में मदद करेगी।

इसलिए, मैं आपसे यह सवाल पूछने का आग्रह करता हूं: आखिरी बार मैंने कब खुद को शांत रहने दिया था?

शुरुआत में यह मुश्किल हो सकता है, खासकर अगर आपको लगातार भागदौड़ की आदत है। लेकिन शांति पर भरोसा रखें, आपको वह सब कुछ मिलेगा जिसकी आपको ज़रूरत है– चाहे वह सुकून हो, स्पष्टता हो, या जीवन में एक नया उद्देश्य। शांत पलों को अपनाएं। उन्हें आपको अपने आप से और उस जीवन से जोड़ने दें जो आपका इंतज़ार कर रहा है, भविष्य में नहीं, बल्कि यहीं, वर्तमान क्षण में।

शांति जीवन से पीछे हटना नहीं है, बल्कि जीवन की ओर लौटना है। शांति में ही हमें वह सब कुछ मिलता है जिसकी हमें शक्ति, उद्देश्य और शांति के साथ आगे बढ़ने के लिए आवश्यकता होती है।

भजन संहिता 46:10 *"शांत रहो और जानो कि मैं ईश्वर हूँ; मैं राष्ट्रों के बीच महान बनूँगा, मैं पृथ्वी पर महान बनूँगा।"*

अध्याय चौदह:
आशा के साथ आगे की ओर देखते हुए

कई बार ऐसा होता है जब भविष्य अनिश्चित सा लगता है।

कई बार मुझे यह संदेह होता है कि आगे का रास्ता उतना ही कठिन होगा जितना कि मैं अब तक तय कर चुका हूँ। फिर भी, अनिश्चितता के बावजूद, मैं शांत और दृढ़ आशा के साथ आगे बढ़ता रहता हूँ। ऐसा इसलिए नहीं कि मुझे सभी सवालों के जवाब पता हैं, बल्कि इसलिए कि मैंने यह सीख लिया है कि आशा निश्चितता पर निर्भर नहीं करती—यह अनिश्चितता में पनपती है।

लेकिन मुझे एहसास हुआ है कि आशा हमेशा एक उज्ज्वल, चमकती रोशनी नहीं होती। कभी-कभी, यह दूर से आती एक टिमटिमाती रोशनी होती है, एक छोटी सी चिंगारी जो बुझने से इनकार करती है। यह अंधेरे का न होना नहीं है, बल्कि उसके पार देखने की क्षमता है। आशा ही हमें आगे बढ़ते रहने की शक्ति देती है, भले ही हमें अभी तक रास्ते का अंत दिखाई न दे। यह वह शांत विश्वास है कि सबसे कठिन क्षणों में भी, कुछ बेहतर संभव है।

मैंने अपनी ज़िंदगी का बहुत बड़ा हिस्सा भविष्य का अनुमान लगाने, आगे क्या होगा उसे नियंत्रित करने की कोशिश में बिताया, लेकिन अंत में मुझे एहसास हुआ कि ज़िंदगी अपने आप ही ऐसे मोड़ लेती है जिनकी मैंने कभी कल्पना भी नहीं की थी। और अब, मुझे आगे क्या होगा यह जानने की ज़रूरत नहीं है। मुझे किसी नक्शे, योजना या सुनियोजित तरीके की ज़रूरत नहीं है। मैंने सीखा है कि आशा भरोसे पर आधारित होती है—यह

भरोसा कि ज़िंदगी अपने आप आगे बढ़ती रहेगी, और चाहे कुछ भी हो जाए, मुझमें उसका सामना करने की शक्ति है।

आशा के साथ आगे देखना अतीत की कठिनाइयों को नज़रअंदाज़ करना या यह दिखावा करना नहीं है कि सब कुछ हमेशा सही रहेगा। यह भविष्य में संभावनाओं को स्वीकार करने का चुनाव करना है, भले ही अगर वे वैसे नहीं दिखते जैसा मैंने कभी सोचा था। यह संभावनाओं के साथ अज्ञात को स्वीकार करने के बारे में है, यह जानते हुए कि अभी बहुत कुछ जीना बाकी है, बहुत कुछ अनुभव करना बाकी है, और बहुत कुछ विकास होना बाकी है।

घाटी में आशा खोजना अक्सर मुश्किल होता है। ऐसा लगता है जैसे दुनिया आप पर दबाव डाल रही है, जिससे आप छोटे, महत्वहीन या खोए हुए महसूस करते हैं। लेकिन अंधकार के इन्हीं क्षणों में आशा सबसे प्रबल हो सकती है। मैंने पाया कि आशा का अर्थ हर चीज के परिपूर्ण होने या बादलों के छंटने का इंतजार करना नहीं है, बल्कि संघर्ष में भी अर्थ खोजना है। इसका अर्थ यह विश्वास करना है कि सबसे अंधेरी रातें सबसे उज्ज्वल भोरों को रास्ता देती हैं, और जिस घाटी से हम गुजरते हैं वह हमारा स्थायी निवास नहीं है।

मैं आशा से आगे देख रही हूँ क्योंकि मुझे पता है कि कठिनतम समय भी अप्रत्याशित सुंदरता की ओर ले जा सकता है। मैंने अपने जीवन में देखा है कि कैसे दर्द शक्ति में बदल सकता है, कैसे हानि नए सिरे से शुरुआत करने का अवसर प्रदान कर सकती है, और कैसे भय विकास का उत्प्रेरक बन सकता है। मैंने यह विश्वास करना सीख लिया है कि आज मैं जिन चुनौतियों का सामना कर रही हूँ, वे कहानी का अंत नहीं हैं। वे तो बस एक बड़ी कहानी का हिस्सा हैं, जो धीरे-धीरे, कदम-दर-कदम आगे बढ़ती जा रही है।

आशा कोई भोला विश्वास नहीं है कि सब कुछ हमेशा मेरे मन मुताबिक ही होगा। यह एक शांत आत्मविश्वास है कि मैं आगे आने वाली हर चुनौती का

सामना कर सकती हूँ। यह समझ है कि मेरे सबसे अच्छे दिन बीते नहीं, बल्कि आने वाले हैं। यह दृढ़ विश्वास है कि चाहे राह कितनी भी उतार-चढ़ाव भरी हो, मैं अकेली नहीं हूँ।

मैं अतीत से मिले सबक अपने साथ रखती हूँ, लेकिन उन्हें खुद को परिभाषित करने नहीं देती। जीवन के तूफानों से पहले मैं जो थी, वह अब नहीं रही। और यह ठीक है। क्योंकि आज मैं पहले से कहीं अधिक मजबूत, समझदार और सहनशील हूँ। भविष्य अभी अनिश्चित है, लेकिन मैं आशा से भरे दिल से उसका सामना करने के लिए तैयार हूँ, चाहे वह कुछ भी लेकर आए। घाटी में, ऐसा लग सकता है कि आशा एक दूर का सपना है; कुछ ऐसा जो दूसरों का है, हमारा नहीं। लेकिन सच्चाई यह है कि आशा कोई ऐसी चीज नहीं है जिसके लिए हमें इंतजार करना पड़ता है—यह वह चीज है जिसे हम खुद बनाते हैं। यह हमारे द्वारा हर दिन किए जाने वाले फैसलों में, हमारी मुश्किलों का सामना करने के तरीके में और इस विश्वास में निहित है कि सबसे अंधेरी रात भी अंततः सुबह में बदल जाती है।

आशा महज एक सुकून देने वाला विचार नहीं है—यह एक शक्तिशाली बल है जो आत्मा को सहारा देता है। और हर विश्वासी की सबसे बड़ी आशा यही है:**ईसा मसीह फिर से आएंगे।**

यह दुनिया, अपनी सारी टूटन, पीड़ा और अन्याय के साथ, अंतिम कहानी नहीं है। एक दिन, यीशु—पुनरुत्थित राजा—वापस लौटेंगे, और**वह पाप द्वारा खंडित की गई हर चीज को पुनर्स्थापित करेगा।**यह कोई दूर का मिथक या अमूर्त धर्मशास्त्र नहीं है; यह एक**जीवित वादा**.

और इसलिए, मैं साहस, विश्वास और आशा के साथ अज्ञात की ओर आगे बढ़ता हूँ। क्योंकि जीवन मुझे कितनी ही बार गिरा दे, मुझे पता है कि ईश्वर मुझे फिर से उठने में मदद करने के लिए मौजूद है। और उस उठने में, मैं सबसे अंधकारमय दिनों में भी प्रकाश पाऊँगा।

इसलिए, मैं आपसे यह प्रश्न स्वयं से पूछने का आग्रह करता हूँ: ***मैं आज ऐसा***

कौन सा एक काम कर सकता हूँ जिससे मेरे जीवन में आशा की भावना बनी रहे?

यह इतना आसान हो सकता है कि आप अपने आस-पास की छोटी-छोटी खुशियों को सराहने के लिए कुछ पल निकालें या फिर जब आपका मन न करे तब भी आगे बढ़ते रहने का फैसला करें। चाहे कुछ भी हो, यह जान लें कि आशा हमेशा आपके भीतर मौजूद है, बस उसे फिर से जगाने की ज़रूरत है। और जैसे-जैसे आप इसे पोषित करेंगे, आप देखेंगे कि मुश्किलों के बीच भी रोशनी होती है। अंधेरा कहानी का अंत नहीं है—यह तो बस एक नए अध्याय की शुरुआत है।

आशा भय की अनुपस्थिति नहीं है; यह विश्वास है कि कुछ ऐसा है जिसकी ओर बढ़ना सार्थक है, जिसके लिए लड़ना सार्थक है, जिसके लिए जीना सार्थक है। और जैसे-जैसे मैं आगे बढ़ता हूँ, मैं उस आशा को अपने साथ लिए फिरता हूँ। मैं, कदम दर कदम। मैं आपको इस घाटी में अपनी यात्रा जारी रखते हुए उस शक्ति को ग्रहण करने के लिए आमंत्रित करता हूं।

फिलिप्पियों 3:13 *मैं बीते हुए कल को भूलकर आगे आने वाले कल की ओर बढ़ता हूँ।*

अध्याय पंद्रह:
पर्वत की चोटी पर

एक समय ऐसा भी था जब मैं कल्पना भी नहीं कर सकता था कि पहाड़ की चोटी पर खड़े होने का अनुभव कैसा होगा।

जब मैं घाटी में था, तो सब कुछ असंभव सा लग रहा था। चढ़ाई बहुत कठिन थी, बोझ बहुत भारी था, और दूरी बहुत ज़्यादा थी। मुझे अगला कदम भी नज़र नहीं आ रहा था, शिखर तक पहुँचना तो दूर की बात थी। हर दिन एक लड़ाई जैसा लगता था, और शिखर तक पहुँचने का ख्याल भी एक दूर के सपने जैसा लगता था।

लेकिन रास्ते में कहीं कुछ बदल गया।

दर्द पूरी तरह से खत्म नहीं हुआ, लेकिन अब वह मुझे जकड़ नहीं पा रहा था। डर पूरी तरह से गायब नहीं हुआ, लेकिन अब वह मुझे पंगु नहीं बना पा रहा था। हर कदम के साथ मैं आगे बढ़ता गया—मुझे ठीक से पता नहीं था कि रास्ता कहाँ ले जाएगा, लेकिन मुझे भरोसा था कि हर कदम मुझे प्रकाश के एक कदम और करीब ले जा रहा है, शांति के एक कदम और करीब ले जा रहा है।

और अब, शिखर पर खड़े होकर, मैं पीछे मुड़कर उस यात्रा को उसके वास्तविक स्वरूप में देख सकता हूँ; एक रूपांतरण। पहाड़ महज़ एक यह एक शारीरिक चढ़ाई थी। यह मेरे दिल, मेरे दिमाग और मेरी आत्मा की परीक्षा थी। घाटी, संघर्ष, दर्द: यह सब इस चढ़ाई का हिस्सा था। इनके बिना मैं कभी इस मुकाम तक नहीं पहुँच पाता। घाटियों के बिना चोटियाँ इतनी मीठी नहीं लगतीं।

पहाड़ की चोटी पर खड़े होकर, मैं नज़ारे को अलग नज़रिए से देखता हूँ। मैं न सिर्फ़ यह देख पाता हूँ कि मैं कहाँ से आया हूँ, बल्कि यह भी कि मैंने कितनी दूरी तय की है। नज़ारा साफ़ है, सिर्फ़ इसलिए नहीं कि मैं ऊँचाई पर चढ़ गया हूँ, बल्कि इसलिए कि मैंने उस सफ़र की कद्र करना सीख लिया है जो मुझे यहाँ तक लाया है। उतार-चढ़ाव, वो पल जब मैं लड़खड़ाया और गिरा, वो पल जब मुझे लगा कि मैं आगे नहीं बढ़ सकता; ये सब कहानी का हिस्सा थे। और अब, यहाँ खड़े होकर, मैं देख सकता हूँ कि कैसे ये सब मिलकर एक सार्थक रचना करते हैं।

शिखर पर पहुँचने का मतलब यह नहीं है कि मेरी यात्रा समाप्त हो गई है। इसका मतलब यह भी नहीं है कि जीवन में आगे चुनौतियाँ नहीं होंगी। लेकिन इसका मतलब यह ज़रूर है कि मैंने सबसे कठिन घाटियों को पार कर लिया है। मैंने तूफ़ानों का सामना किया है। मैंने खुद को उन तरीकों से जाना है जिनकी मैंने कभी कल्पना भी नहीं की थी। और इसी वजह से, अब जीवन में आने वाली ऊँचाइयों और नीचाइयों के प्रति मेरी समझ और भी गहरी हो गई है।

मैं इस पर्वत की चोटी पर इसलिए खड़ा हूँ, क्योंकि मैं अजेय हूँ, बल्कि इसलिए कि मैं पूर्ण हूँ। मैं आज जो कुछ भी हूँ, वह उन सभी चुनौतियों और बाधाओं के कारण है जिन पर मैंने विजय प्राप्त की है। मैंने सीखा है कि जीवन पहाड़ों की एक श्रृंखला है, कुछ ऊँचे, कुछ अधिक ढलान वाले, कुछ लंबे, लेकिन हर एक पहाड़ कुछ न कुछ मूल्यवान देता है—सबक, विकास, शक्ति, और सबसे बढ़कर, यह समझ कि हम अपनी सोच से कहीं अधिक

करने में सक्षम हैं।

इस पर्वत की चोटी से, मुझे एक ऐसा क्षितिज दिखाई देता है जो अनंत तक फैला हुआ है। आगे का रास्ता अभी अज्ञात है, लेकिन अब मैं कृतज्ञता, दृढ़ता और आशा से भरे हृदय के साथ इसका सामना कर रही हूँ। मुझे यह जानने की आवश्यकता नहीं है कि आगे क्या होगा। मुझे विश्वास है कि यात्रा जारी रहेगी और हर कदम के साथ मैं आगे बढ़ती रहूँगी। यहां खड़े होकर, मैं वह देख पा रहा हूँ जो घाटी में नहीं देख पाया था: यात्रा की सुंदरता। शांति के क्षण, संघर्ष में छिपे सबक, कठिनाइयों में छिपे अनपेक्षित उपहार। अब मैं समझ सकता हूँ कि चढ़ाई का हर हिस्सा ज़रूरी था। हर मोड़, हर चुनौती मुझे इस पल के लिए तैयार कर रही थी। और यह शांति का क्षण है, स्पष्टता का क्षण है, विजय का क्षण है।

मैं शायद कभी संघर्षों से मुक्त न हो पाऊं, लेकिन अब मुझे पता है कि मुझमें उनका सामना करने की शक्ति है। मुझे शायद कभी सभी सवालों के जवाब न मिलें, लेकिन मैंने सीख लिया है कि आगे बढ़ना ठीक है, भले ही आगे का रास्ता अनिश्चित हो। पहाड़ ने मुझे सिखाया कि शिखर पर पहुंचना ही सब कुछ नहीं है; बल्कि साहस और आशा के साथ कदम-दर-कदम चढ़ते रहना महत्वपूर्ण है।

और जब मैं इस शिखर पर खड़ा हूँ, तो मुझे एक सरल सत्य याद आता है:

यात्रा अभी खत्म नहीं हुई

है; यह तो अभी शुरू हुई

है।

यशायाह 54:10“ *“भले ही पहाड़ हिल जाएं और पहाड़ियां हट जाएं, फिर भी तुम्हारे प्रति मेरा अटूट प्रेम न डगमगाएगा और न ही मेरी शांति की वाचा हटेगी,” प्रभु कहता है, जो तुम पर दया करता है।*

व्यक्तिगत चिंतन

जब मैं यहाँ, इस पर्वत की चोटी पर बैठा हूँ, चाहे वह शाब्दिक रूप से हो या लाक्षणिक रूप से, तो मुझे एहसास होता है कि मैं कितना बदल गया हूँ।

मुझे आज भी अपने नीचे की घाटी का भार महसूस होता है, उन अंधकारमय दिनों की परछाइयाँ जो कभी अंतहीन लगती थीं। लेकिन अब, जब मैं पीछे मुड़कर देखता हूँ, तो मुझे वे ही वो बुनियाद नज़र आती हैं जिन्होंने मुझे आज यहाँ खड़ा होने की हिम्मत दी है। मैं उन संघर्षों को छुपाने वाले ज़ख्मों के रूप में नहीं, बल्कि अपनी ताकत के निशानों के रूप में देखता हूँ, जो मुझे याद दिलाते हैं कि मैंने कितनी दूर का सफर तय किया है।

मैंने यह पहाड़ अकेले नहीं चढ़ा।

इस सफर में मुझे दूसरों का प्यार और सहारा मिला: दोस्त, परिवार, यहाँ तक कि अजनबी भी जिन्होंने मेरी सबसे बड़ी ज़रूरत के समय मदद का हाथ बढ़ाया। लेकिन उससे भी बढ़कर, मुझे अपने अंदर ऐसी ताकत मिली जिसके बारे में मुझे पता ही नहीं था। मैंने ऐसी सहनशक्ति पाई जो आग से गुज़रने और दर्द भरे हर कदम को पार करने से ही आती है। मैंने सीखा कि चाहे मैं कितनी ही बार ठोकर खाऊं या गिरूं, मुझमें उठने की क्षमता है। हर बार मैं और मजबूत हुई। हर बार मैंने अपने बारे में कुछ नया सीखा।

और चिंतन के शांत क्षणों में, मुझे यह एहसास हुआ है कि यह यात्रा केवल एक गंतव्य तक पहुंचने से कहीं अधिक थी।

यह जीवन को पूरी तरह से जीना सीखने, गहराई से प्यार करने और इस दुनिया की सुंदरता और पीड़ा दोनों को अपनाने के बारे में रहा है। यह इस

बात पर भरोसा करने के बारे में रहा है कि चाहे हम कितनी भी मुश्किलों में क्यों न फंस जाएं, आगे बढ़ना हमेशा सार्थक होता है। हर चुनौती, हर असफलता, हर दिल टूटना, ये सब उस प्रक्रिया का हिस्सा थे जिसके द्वारा मैं वह बन पाई जो मुझे हमेशा से बनना था। अब, जब मैं आगे देखता हूँ, तो मुझे पता है कि अभी और भी पहाड़ चढ़ने हैं। और भी घाटियाँ होंगी, और भी अनजानी चुनौतियाँ होंगी, और भी ऐसे पल आएंगे जो मेरी परीक्षा लेंगे। लेकिन एक बात मैं निश्चित रूप से जानता हूँ: मुझे अब चढ़ाई से डर नहीं लगता। मुझे अब अंधेरी घाटियों से डर नहीं लगता। क्योंकि मैं जानता हूँ कि हर कदम, चाहे कितना भी कठिन क्यों न हो, यात्रा का हिस्सा है। हर कदम मुझे खुद को गहराई से समझने के करीब ला रहा है, उस जीवन के करीब ला रहा है जिसे जीने के लिए मैं बना हूँ।

अगर आप इसे पढ़ रहे हैं और आप खुद को इस घाटी में पाते हैं, तो मैं चाहता हूं कि आप यह जान लें: ***आप अकेले नहीं हैं।***

आपमें आगे बढ़ने की पूरी क्षमता है। आप जितना सोचते हैं उससे कहीं अधिक मजबूत हैं। आगे का रास्ता कठिन हो सकता है, लेकिन यह खूबसूरत भी होगा, ऐसे पलों से भरा होगा जो आपको ऐसे तरीकों से बदल देंगे जिनकी आप अभी कल्पना भी नहीं कर सकते।

मैं यह वादा नहीं करूंगा कि यह यात्रा आसान होगी, लेकिन मैं आपको यह जरूर बताऊंगा: आगे बढ़ाया गया हर कदम एक जीत है।

और भले ही रास्ता हमेशा साफ़ न हो, भरोसा रखें कि अंत में शिखर आपका इंतज़ार कर रहा होगा। आप वहाँ खड़े होंगे, मेरी तरह, उन घाटियों को पीछे मुड़कर देखते हुए जिन्हें आपने पार किया है, और आप समझेंगे—यह यात्रा हर कदम के लायक थी।

तो, गहरी सांस लें। जहां

आप हैं वहीं से शुरुआत

करें।

और आगे बढ़ते रहो। पहाड़

तुम्हारा इंतजार कर रहा है।

धन्यवाद का अंतिम संदेश

मेरे प्रिय पाठकों,

इस यात्रा के अंत में पहुँचते हुए, मैं आपको धन्यवाद देना चाहता हूँ। घाटियों और ऊँचाइयों में मेरे साथ चलने के लिए, संदेह के शांत क्षणों और आत्म-खोज के विजयी कदमों में मेरा साथ देने के लिए धन्यवाद। आप कोई भी किताब पढ़ सकते थे, लेकिन आपने इसे चुना, और इसके लिए मैं आपका हार्दिक आभारी हूँ।

इतनी निजी, इतनी सच्ची और इतनी वास्तविक बातें साझा करने का अवसर मिलना एक अनमोल उपहार है। आपने मुझे अपना दिल खोलकर अपने अनुभव, अपने दर्द और अपनी आशा को साझा करने की अनुमति दी है। और बदले में, मुझे उम्मीद है कि आपको यहाँ कुछ ऐसा मिला होगा जो आपके अपने जीवन के सफर से मेल खाता हो—चाहे वह आगे बढ़ते रहने की शक्ति हो, अज्ञात को स्वीकार करने का साहस हो, या यह याद दिलाना हो कि आप कभी भी वास्तव में अकेले नहीं हैं।

जीवन का सफर हमेशा आसान नहीं होता, और कई बार ऐसा लगता है कि आगे का रास्ता बहुत कठिन है। लेकिन मुझे आप पर भरोसा है। मुझे आपकी ताकत, आपके धैर्य और किसी भी चुनौती से उबरने की आपकी क्षमता पर पूरा विश्वास है। हम सभी किसी न किसी रूप में अपने-अपने रास्ते पर चल रहे हैं, और मैं सम्मानित महसूस करता हूँ कि आपने मुझे कुछ समय के लिए ही सही, अपने साथ चलने का मौका दिया है।

कृपया यह जान लें कि आपकी उपस्थिति, इन शब्दों पर आपका ध्यान, मेरे लिए शब्दों से कहीं अधिक महत्वपूर्ण है। हो सकता है कि मैं इस पुस्तक के पूरे प्रभाव को कभी न जान पाऊं, लेकिन मुझे विश्वास है कि यदि इसने

केवल एक हृदय को भी छुआ है या केवल एक व्यक्ति को भी अकेलापन कम करने में मदद की है, तो इसने अपना उद्देश्य पूरा कर लिया है। मैं आपके जीवन के सफर में शांति, शक्ति और आशा की कामना करता हूँ। आप गरिमा और साहस के साथ अपनी राहों पर विजय प्राप्त करते रहें, और अंधकारमय घाटियों में भी आपको हमेशा प्रकाश की किरण दिखाई दे।

इस कहानी का हिस्सा बनने के लिए धन्यवाद। मैं अपने जीवन पथ पर आगे बढ़ते हुए आपकी भावना को अपने साथ रखूंगा।

मेरी हार्दिक कृतज्ञता के साथ,

लाइट ए. डिमाकुलंगन

www.ingramcontent.com/pod-product-compliance
Lightning Source LLC
LaVergne TN
LVHW010720061026
849530LV00004B/50